HALBZEIT-PAUSE

Ein tiefgreifendes Selbsthilfe Buch über den Neuanfang, Selbstfindung und Selbstfürsorge

ENDLICH GLÜCKLICH SEIN!

JULIA FRÖHLICH

LEMON MEDIA

Bibliografische Information der Deutschen Nationalbibliothek

Die Deutsche Nationalbibliothek verzeichnet diese Publikation in der Deutschen Nationalbibliografie; detaillierte bibliografische Daten sind im Internet über http://dnb.de abrufbar.

Wir sind ein relativ junger Verlag und sehr dankbar für jede Art von Feedback. Sollten Sie daher Anregungen oder Fragen haben, würden wir uns sehr freuen, von Ihnen zu lesen:
info@lemonmedia-verlag.de

Erstauflage

ISBN 978-3-96645-784-2 Taschenbuch
ISBN 978-3-96645-787-3 eBook

Redaktion: Bleikolm Reinhardt
Satz: Dębowski Tomasz
Lektorat: Kramer Lana
Druck/Auslieferung: WirMachenDruck/ Runge Verlagsauslieferung

Impressum:

BMU Media GmbH
Koppenstraße 93
10243 Berlin
Deutschland

Weitere Informationen zum Verlag finden Sie unter:
www.lemonmedia-verlag.de

Wir wünschen Ihnen viel Vergnügen beim Lesen!

HALBZEIT-PAUSE

Ein tiefgreifendes Selbsthilfe Buch über den Neuanfang, Selbstfindung und Selbstfürsorge

ENDLICH GLÜCKLICH SEIN!

JULIA FRÖHLICH

LEMON MEDIA

Unsere Bücher wollen gelesen werden ...

... deshalb gibt es zu jedem Taschenbuch

das e-Book gleich kostenlos mit dazu!

Gehen Sie dazu einfach auf
epub.lemonmedia-verlag.de
oder scannen Sie den
abgebildeten QR Code.
Auf der Website können Sie dann
Ihren Zugangscode eingeben.

Den Code für Ihr eBook finden Sie
auf der Seite: 144

epub.lemonmedia-verlag.de

Wir wünschen viel Freude mit Ihren zusätzlichen Inhalten!

Haben Sie Fragen zu Ihrem eBook? Wir sind gerne für Sie da!
Sie erreichen Sie uns unter info@lemonmedia-verlag.de

Für alle, die das Spiel des Lebens
mit Leidenschaft spielen (wollen)

INHALTSVERZEICHNIS

VORBERICHT

Wenn das Leben ein Fußballspiel wäre, dann befände sich Susanne ohne Frage gerade in der Halbzeitpause:

Kurz vor ihrem 50. Geburtstag beginnt sie, zu hinterfragen, wie ihr Leben bisher verlaufen ist.

Sie erinnert sich an die Tore, die sie geschossen hat, an die Fouls, die sie zu Boden geworfen haben, und schließlich auch an ihre Mitspieler, die ein- und wieder ausgewechselt wurden.

Vor allem aber stellt sich Susanne eine Frage

Ist sie überhaupt noch bereit, für den Sieg zu kämpfen, oder hat sie sich längst mit einem Unentschieden abgefunden?

Susannes Leben hat mit dem Fußballsport ungefähr so viel zu tun wie Yoda mit dem Literatur-Nobelpreis. Und obwohl sie auf den ersten Blick nicht unterschiedlicher sein könnten, kreisen diese beiden Welten um dieselbe Sonne:

In diesem Buch geht es nicht darum, zu verstehen, welche technischen Fähigkeiten ein Weltfußballer mitbringen muss. Und noch weniger geht es darum, eine Fastfünfzigerin in ihrer Midlife-Crises zu bemitleiden.

In diesem Buch geht es darum, zu verstehen, was der Glaube an uns selbst bewirken kann – und zu erkennen, dass er für die Meisterschaft genauso wichtig ist wie für ein glückliches Leben.

SPIELREGELN

Auf den folgenden Seiten werden Themen aufgegriffen, die für Personen mit psychischen Erkrankungen ggf. belastend sein können.

Diese Personen werden daher gebeten, eigenverantwortlich darüber zu entscheiden, ob sie dieses Buch lesen möchten oder nicht.

Die im Buch empfohlenen Übungen und Methoden ersetzen keine professionelle psychologische Beratung.

Informationen zu Hilfestellen und Unterstützungsmöglichkeiten bei psychischen Erkrankungen sind unter anderem bei der Deutschen Depressionshilfe zu finden:

(URL: https://www.deutsche-depressionshilfe.de / depression-infos-und-hilfe/wo-finde-ich-hilfe)

Zudem möchte die Autorin darauf hinweisen, dass im folgenden Text aus Gründen der besseren Leserlichkeit auf die Nennung der weiblichen und diversen Form oftmals verzichet wird. Die verwendete männliche Form schließt jeweils alle Geschlechter mit ein.

Spielbericht

ANSTOSS

„Der Fehler besteht darin, sich vorzustellen, dass Perfektion möglich ist, wenn schon die Idee daran nicht vorstellbar ist."

– Luis Figo, ehemaliger portugiesischer Mittelfeldspieler für Sporting Lissabon, FC Barcelona, Real Madrid und Inter Mailand

Es gab zwei Möglichkeiten, den Abend vor seinem 50. Geburtstag zu verbringen:

Man konnte auf die schönen Jahre, die hinter einem lagen, anstoßen; all die wunderbaren Momente feiern, die einem das Leben bis zu diesem Tag geschenkt hatte.

Oder man entschied sich für die dramatarischere Variante und verbrachte den Abend allein mit alten Fotos und vielen zerplatzten Träumen auf der Couch.

Susanne hatte sich für den zweiten Weg entschieden:

Bereits seit 15:00 Uhr sah sie sich alte Erinnerungsstücke an und fragte sich, wo all die Jahre und Jahrzehnte geblieben waren.

Ihr Fotoalbum, dass sie bis vor ein paar Jahren stets gepflegt hatte, war ihr kurz nach dem Mittagessen in die Hände gefallen und hatte sie seitdem nicht mehr losgelassen:

Es war eine seltsame Mischung zwischen Dankbarkeit und Melancholie, die die Bilder in ihr auslösten.

Da waren Fotos aus ihrer Studienzeit, in denen Susanne sich kaum erkannte. Wie unkompliziert das Leben doch damals war, dachte sie. Nie hatte sie sich so unbeschwert und leicht gefühlt wie in dieser Zeit.

Susanne blätterte ein paar Seiten weiter. Es folgten Bilder aus Urlauben mit Familie und Freunden und Aufnahmen aus ihrem kleinen Studentenappartment mitten in der Stadt.

Nach und nach aber veränderten sich die Bilder. Und auf einmal tauchte Noah auf den Fotos auf. Noah war wohl die größte Überraschung, die das Leben bisher für Susanne bereitgehalten hatte.

Und obwohl sich ihre Welt um 180 Grad gewendet hatte, seitdem sie Mutter war, war er doch das Allerbeste, was ihr je hätte passieren können.

Natürlich war es nicht immer einfach gewesen. Susanne hatte gerade ihren 22. Geburtstag gefeiert, als sie erfahren hatte, dass sie schwanger war.

Der Vater von Noah war von dieser Nachricht nicht weniger entsetzt gewesen als ihre Eltern.

Im Gegensatz zu ihm aber hatte Susanne auf die volle Unterstützung ihrer Eltern zählen können.

Die nächsten Seiten zeigten Bilder von Susannes altem Kinderzimmer, in das sie nach Noahs Geburt wieder eingezogen war.

Für sie war es eine Tragödie gewesen, ihre alte Studentenwohnung aufzugeben. Sie hatte die vielen Möglichkeiten, die das Stadtleben mit sich brachte, geliebt.

Aber weder finanziell noch psychisch wäre sie dazu imstande gewesen, ihr Kind allein großzuziehen.

Susanne schlug die nächste Seite auf. Auf kaum einem Bild war sie selbst noch zu sehen; alles schien sich von nun an um Noah gedreht zu haben. Er war die Sonne, um die ihr Leben seitdem kreiste.

Mehr und mehr spürte Susanne, wie sie die Bilder traurig stimmten. So anstrengend diese Zeit für sie gewesen war, so sehr vermisste sie sie nun:

Sie hatten es schön gehabt, Noah und sie.

Als er älter geworden war, hatten sie das Haus ihrer Eltern ausgebaut und ihre eigene kleine Dachgeschosswohnung bezogen.

Die Jahre waren wie im Flug vergangen. Und ehe sie sich versehen hatte, war ihr Sohn zu einem jungen Mann herangewachsen.

Es war nun schon ein Jahr her, seitdem er ausgezogen war. Noah hatte ein Studium in Berlin begonnen und sie sahen sich nur noch selten. Alle sechs bis acht Wochen kehrte er in die Heimat zurück – und Susanne konnte es jedes Mal kaum erwarten.

So stolz sie auch auf ihren Sohn war, so sehr schmerzte sie sein Umzug.

Noah hatte eine unglaubliche Leere in ihrem gemeinsamen Zuhause hinterlassen, die Susanne zu erdrücken drohte.

Sie vermisste es, gemeinsam mit ihm zu Abend zu essen, und ihr fehlte seine Gesellschaft beim Fernsehen.

Es war ein seltsames Gefühl, zu wissen, dass niemand auf einen warten würde, wenn man nach Hause kam, und manchmal bezweifelte Susanne, dass sie sich je daran gewöhnen würde.

Das letzte Bild, das das Fotoalbum zeigte, war ein Bild von Susannes Eltern an ihrem 50. Hochzeitstag.

Sie hatten die Feierlichkeit in großem Rahmen zelebriert und die ganze Familie in den Gästesaal des Seniorenheims eingeladen, in das sie vor ein paar Jahren gezogen waren.

Für Susanne hatte sich die goldene Hochzeit ihrer Eltern beinahe angefühlt wie eine richtige Hochzeit: Sie hatten eine Band organisiert, es wurde getanzt und sogar eine kleine Hochzeitstorte hatte es gegeben.

Alles in allem war es ein wunderschöner Tag gewesen und Susanne ärgerte sich beinahe etwas darüber, nicht noch mehr Fotos von der Feier gemacht zu haben.

Seufzend klappte sie das Album zu. Susanne mochte das Leben, das sie bis hierhin geführt hatte. Auch wenn es bei Weitem nicht perfekt war. Aber was war das schon?

ZEIT

„Je länger das Spiel dauert, desto weniger Zeit bleibt."

– Marcel Reif, Sportjournalist und -kommentator

Susanne musste eingeschlafen sein. Etwa gegen 2:00 Uhr nachts wachte sie auf und stellte fest, dass sie sich immer noch auf dem Sofa befand. Die gestrige Zeitreise in ihre Vergangenheit und die Flasche Wein, die sie dabei begleitet hatte, hatten ihr wohl doch mehr zugesetzt als erwartet.

Mit zusammengekniffenen Augen suchte sie sich den Weg ins Schlafzimmer. Es dauerte nur wenige Minuten, bis sie wieder in einen tiefen, traumlosen Schlaf fand.

An ihrem Geburtstag schlief Susanne zur Feier des Tages aus. Vor 18:00 Uhr erwartete sie ohnehin keine Gäste. Noah würde erst am Wochenende nach Hause kommen und ihre Eltern hatten sich für das Abendessen angekündigt.

Heute war ein Dienstag, und Susanne hatte sich für den Rest der Woche freigenommen.

Normalerweise arbeitete sie von Montag bis Samstag in dem Lager eines größeren Supermarktkonzerns. Sie half beim Verladen der Ware, bei Umräumarbeiten und, wenn Not am Mann war, auch an der Kasse.

Das war bei Weitem nicht der Beruf, den sie sich als junge Lehramtstudentin erhofft hatte. Aber Susanne ging gerne zur Arbeit. Sie mochte ihre Kollegen und das Gefühl, Teil eines Teams zu sein.

Ihre Schicht begann normalerweise gegen 06:00 Uhr morgens und endete zwischen 14:00 und 15:00 Uhr.

Umso mehr genoss Susanne es heute, den Morgen für sich zu haben: Sie duschte ausgiebig, kuschelte sich in einen Bademantel und bereitete sich ein reichhaltiges Frühstück zu.

Es gab Rührei mit frisch gebackenem Brot vom Bioladen um die Ecke und selbstgemachte Marmelade.

„So lässt es sich leben", dachte sich Susanne. Die Melancholie vom Vorabend ließ immer mehr nach und machte einer vorfreudigen Stimmung auf den heutigen Tag Platz.

Gegen zwölf Uhr klingelte das Telefon und Noah rief an. Er hatte die ersten Vorlesungen des Tages bereits hinter sich gebracht und nutzte seine Pause nun dafür, seine Glückwünsche zu überbringen.

„Tut mir leid, dass ich heute nicht bei Dir sein kann, Mama." Susanne konnte sein schlechtes Gewissen durch die Leitung hören.

„Das ist doch nicht so schlimm", gab sie beschwichtigend zurück. „Wir feiern einfach am Wochenende nach. Dann kann ich gleich an zwei Tagen meinen Geburtstag feiern – ist doch perfekt!" Susanne lachte in den Hörer. Sie wollte nicht, dass er ein schlechtes Gewissen hatte.

Auch wenn es sehr schön gewesen wäre, ihn heute hier zu haben, so war es ihr doch wichtig, dass er sein Studium gut zu Ende brachte.

Mit einem Berufsabschluss lebte es sich schließlich leichter. Das war auch ihr in den letzten Jahren schmerzlich bewusst geworden – nur eben gerade aus der anderen Perspektive.

Noahs Lachen holte sie zurück in die Gegenwart. „So kann man es natürlich auch sehen", gab er erleichtert zurück. „Dann sehen wir uns also am Samstag."

Susanne nickte. „Genau, bis Samstag, mein Kleiner. Ich hab dich lieb."

„Ich hab dich auch lieb, Mama."

Seufzend legte Susanne auf. Nach dem Telefonat fühlte sie sich einsamer als davor.

Sie würde sich beschäftigen müssen, um auf andere Gedanken zu kommen.

Und tatsächlich musste sie sich langsam auch beeilen, wenn sie das Menu, das sie sich für heute Abend vorgenommen hatte, noch rechtzeitig servieren wollte.

Normalerweise kochte Susanne eher schnelle Gerichte, aber, wenn die Zeit es zuließ, liebte sie es, sich in der Küche auszuprobieren.

Für heute Abend hatte sie drei Gerichte eingeplant:

Zur Vorspeise würde sie eine Kürbiscremesuppe – serviert im Kürbis selbst – reichen.

Für den Hauptgang hatte sie gestern schon selbstgemachte Süßkartoffel-Gnocchi vorbereitet.

Diese würde sie heute noch in Salbeibutter anschwenken und dann mit einer Lachs-Sahnesoße auf einem Spinatbeet anrichten.

Zur Nachspeise würde es das Leibgericht ihres Vaters geben: karamellisierten Kaiserschmarren mit Rumrosinen, Apfelmus und einem selbstgemachten Vanilleeis.

Allein beim Gedanken an all die Köstlichkeiten lief Susanne das Wasser im Munde zusammen.

Voller Vorfreude legte sie ihre Küchenschürze an, bund ihre Haare zu einem Zopf und machte sich auf den Weg in die Küche.

Als es gegen 18:00 Uhr an der Haustür klingelte, fühlte es sich für Susanne so an, als wären erst ein paar Minuten vergangen.

Sie war so vertieft in das Kochen gewesen, dass sie alles um sich herum vergessen hatte.

Schnell eilte sie zur Tür, um ihre Eltern zu empfangen.

„Alles Liebe zu Deinem Geburtstag, mein Schatz", begrüßte sie ihre Mutter. Sie strahlte über das ganze Gesicht. „Wie schnell die Zeit doch vergeht – jetzt ist mein kleines Mädchen schon 50! Ach, was rede ich, lass dich drücken."

Auch ihr Vater gratulierte ihr, und Susanne spürte, dass nicht nur ihr selbst ihr Geburtstag etwas nahe ging, sondern auch ihren Eltern:

„Weißt du, jetzt bist du schon so groß, und wir wussten nicht so recht, was wir dir schenken sollten", sagte ihr Vater, als ihm Susanne seine Jacke abnahm.

„Es ist ja auch nicht einfach mit dir", fuhr ihre Mutter lachend fort. „Alles, was man so braucht, hast du ja schon – außer vielleicht einen passenden Mann, aber den können wir dir leider auch nicht zaubern." Sie zwinkerte Susanne fröhlich zu.

„Typisch", dachte sich Susanne, und verdrehte innerlich ihre Augen.

Selbst an ihrem Geburtstag konnte es ihre Mutter nicht lassen, dieses Thema anzusprechen.

Sie beschloss, den Einwurf einfach zu ignorieren. „Ihr müsst mir gar nichts schenken, das wisst ihr doch", gab sie ihren Eltern zurück.

„Naja, jetzt haben wir auf jeden Fall etwas dabei. Eigentlich ist es ein Geschenk von dir an dich selbst." Susannes Mutter reichte ihr einen weißen Umschlag.

Auf dem Umschlag war die Adresse ihrer Eltern zu lesen, und es war eindeutig, dass Susanne selbst diesen Brief einmal verschickt hatte – war es doch eindeutig ihre Handschrift.

„Erinnerst du dich noch?", Susannes Vater blickte sie fragend an. „Das ist der Brief, den du uns damals geschickt hast, als du von Zuhause ausgezogen bist. Du warst so stolz auf dich und dein neues, selbständiges Leben – voller Träume."

„Naja, und wir dachten, wir schenken dir diesen Brief", erklärte Susannes Mutter weiter, „damit du weißt, dass du immer noch unser kleines, starkes Mädchen bist, dem die Welt zu Füßen liegt." Verstohlen wischte sie sich eine Träne weg. „Wir haben Dich so lieb, mein Schatz."

Auch Susannes Augen wurden feucht.

Obwohl sie den Brief noch gar nicht geöffnet hatte, war es jetzt schon eines der schönsten Geschenke, dass sie je erhalten hatte.

VERGANGENHEIT UND ZUKUNFT

„Nach dem Spiel ist vor dem Spiel."

– Sepp Herberger, ehemaliger deutscher Fußballspieler und -trainer

Der Abend verging wie im Flug. Es wurde reichlich gegessen, viel geredet und noch mehr gelacht. Susanne war sehr dankbar für das gute Verhältnis, das sie zu ihren Eltern pflegte – und noch mehr dankbar dafür, beide noch in ihrem Leben zu haben.

Susannes Geburtstag hatte sich schon dem Ende geneigt – es musste zwischen 23:30 Uhr und 23:45 Uhr gewesen sein –, als sich ihre Eltern schließlich auf den Heimweg machten.

Nachdem sie ihre Eltern verabschiedet hatte, beschloss Susanne, dass es auch für sie ein langer Tag gewesen war.

Obwohl sie heute ausgeschlafen hatte, steckte ihr die letzte Nacht noch immer tief in den Knochen.

Sie beschloss, den Abwasch auf den nächsten Tag zu verschieben, und fiel hundemüde, aber zufrieden in ihr Bett.

Am nächsten Tag wurde Susanne von einer seltsamen Aufregung in der Magengegend geweckt. Sie fühlte sich, als ob ihr ein wichtiger Termin oder rein Vorstellungsgespräch bevorstünden.

Erst beim Frühstück konnte sie ausmachen, woher dieses Gefühl rührte.

„Der Brief", fiel es ihr siedendheiß ein. Sie hatte den Brief noch gar nicht geöffnet, den ihr ihre Eltern gestern überreicht hatten.

Wenige Minuten später hielt Susanne den Umschlag in ihren Händen. Sie machte es sich auf dem Sofa gemütlich, auf dem sie bereits zwei Tage zuvor in Erinnerungen geschwelgt hatte.

Nachdenklich strich sie mit ihrem Finger über das alte Briefkuvert.

Auf eine bestimmte Art und Weise fühlte es sich vertraut an; und gleichzeitig kam es ihr vor, als hätte sie Post aus einem anderen Universum erhalten, so weit weg schien ihr die Zeit, in der sie die Adresse ihrer Eltern auf diesen Umschlag geschrieben hatte.

Susanne öffnete das Kuvert.

Ein leicht vergilbtes, und bereits etwas zerknittertes, gefaltetes DinA4-Blatt kam zum Vorschein.

Susanne entfaltete den Brief und begann zögerlich, die Worte zu lesen, die sie vor mehr als einem viertel Jahrhundert an ihre Eltern adressiert hatte:

Liebe Mama, lieber Papa,

stand dort in einer vorbildlich ausgeführten Schreibschrift. Susanne musste schmunzeln. Es war nicht zu übersehen, dass sie damals Grundschullehramt studiert hatte.

Ihr könnt Euch nicht vorstellen, wie schön es hier ist!

Meine Wohnung ist ein absoluter Traum und ihr wärd sehr stolz auf mich, wie sauber ich sie halte.

Die Stadt hat so viel zu bieten und es gibt so vieles zu entdecken! Ich liebe es, die vielen Museen, kleinen Lädchen und Cafés zu besuchen oder einfach etwas durch die Fußgängerzone zu schlendern.

Man fühlt sich so lebendig hier in der Stadt!

Natürlich bin ich aber auch gerne zuhause in meiner kleinen Wohnung. Dann besucht mich moistens meine Studienfreundin Gabi und wir kochen gemeinsam.

Wir haben schon die verschiedensten Rezepte ausprobiert, und ich hätte nie gedacht, dass es mir so Spaß machen könnte, in der Küche zu stehen.

Wieder konnte sich Susanne ein Lachen kaum verkneifen. Das klassische Bild der Frau am Herd hatte ihr noch nie gefallen, widersprach es doch ihrer emanzipierten Überzeugung, dass eine Frau viel mehr sein konnte als Hausfrau und Mutter.

Umso mehr hatte sie es damals gewurmt, dass ihr gerade diese klassisch weiblichen Tätigkeiten wie Kochen und Backen so viel Freude bereiteten.

Sie las weiter:

Aber auch an der Uni gefällt es mir echt gut. Die meisten Leute hier sind sehr offen und ich habe mich direkt wohl hier gefühlt.

Letzte Woche haben wir eine Probe-Unterrichtsstunde an einer Grundschule hier in der Stadt abgehalten, und ihr glaubt gar nicht, wie viel Spaß es mir gemacht hat, den Kindern etwas beizubringen.

Ich bin so unglaublich glücklich! Das Einzige, was mir hier wirklich fehlt, seid Ihr!

Aber bald komme ich Euch ja wieder besuchen. In zwei Wochen sind die ersten Prüfungen vorbei und dann sehen wir uns wieder, versprochen!

Und vielleicht bringe ich sogar noch jemanden mit…

Er heißt Markus und Ihr werdet ihn bestimmt mögen! Aber mehr will ich noch gar nicht verraten.

Ich hoffe auf jeden Fall, dass bei Euch auch alles gut ist.

Ich freue mich schon sehr, Euch wiederzusehen!
Bis ganz bald
Eure Susi

Nachdenklich legte Susanne den Brief beiseite. Vor ihrem geistigen Auge sah sie die junge Susi, so hatten sie damals alle genannt, wie sie in ihrer kleinen Wohnung saß und mit einem breiten Grinsen im Gesicht diesen Brief schrieb.

Susanne seufzte. Wie viel Zeit seitdem doch vergangen war und wie sehr sich ihr Leben verändert hatte!

„Nicht nur mein Leben hat sich um 180 Grad gedreht, auch ich selbst habe mich verändert", dachte Susanne. „Äußerlich, das ist offensichtlich, aber noch viel, viel mehr von innen":

Was zwischen den Zeilen aus ihrem früheren Leben mitgeschwungen hatte, war Susannes unerschütterliche Überzeugung, dass sie alles schaffen konnte.

Es war das Gefühl, dass ihr alle Türen dieser Welt offenstanden und das Leben ihrer Träume nur darauf wartete, von ihr gelebt zu werden.

So selbstverständlich dieses Gefühl sich damals für sie angefühlt hatte, so befremdlich und unerreichbar erschien es ihr jetzt:

Das Leben hatte Susanne unmissverständlich gezeigt, dass dieses Gefühl nichts war als die naive Träumerei eines jungen Mädchens:

Nur zwei Wochen, nachdem sie diesen Brief an ihre Eltern geschickt hatte, waren ihr Herz und ihr Leben in tausend Scherben zerbrochen.

Es war nie dazu gekommen, dass sie ihren Eltern beim Heimatbesuch jemand vorgestellt hatte. Denn einen Tag vor ihrer Abreise hatte sie festgestellt, dass sie schwanger war.

Und der nette, freundliche, gut aussehende Markus, in den sie über beide Ohren verliebt gewesen war, hatte ihr nicht nur ihre rosarote Brille abgenommen, sondern auch die Hoffnung auf ein gemeinsames Leben.

Mit aller Gewalt hatte er es abgestritten, dass das Kind, das Susanne unter dem Herzen trug, auch das seine war.

Dass er sie niemals wieder sehen wollte, hatte er zu ihr gesagt.

Dass sie ihm ein Kind hätte unterschieben wollen, um ihn an sie zu binden.

Einige Jahre später, als Noah bereits in den Kindergarten ging, hatte Susanne Markus in der Zeitung wiederentdeckt. Es war eine Anzeige auf seinen Namen geschaltet worden.

Nach langer Krankheit endlich erlöst, war da zu lesen gewesen. Susanne hatte die Todesanzeige ausgeschnitten. Sogar zur Beerdigung war sie gegangen.

Und obwohl sie es sich nicht hatte eingestehen wollen, hatte sie an diesem Tag einen kleinen, lange vergessenen Teil ihres Herzens mit Markus beerdigt.

Seit dem Tag, an dem sich Markus von ihr abgewandt hatte, hatte Susanne keine Nähe zu einem anderen Mann mehr zulassen können.

Der Grund dafür war nicht direkt, dass sie Männern im Allgemeinen nicht mehr vertrauen konnte.

Vielmehr schien Susanne es verlernt zu haben, sich selbst zu vertrauen.

Und obwohl sie sie all die Jahre verdrängt hatte, waren sie mit diesem Brief von einer Sekunde auf die andere wieder schlagartig in Susannes Leben zurückgekehrt:

All die kühnen Träume, zerplatzten Hoffnungen und gescheiterten Pläne, die sie längst begraben hatte – sie bohrten sich wie unzählige kleine Nadeln langsam in Susannes Herz.

Die Narben, die sie schon seit Jahrzehnten als verheilt geglaubt hatte, lösten sich der Reihe nach auf und rissen die Mauer, die Susanne mühsam um ihr Innerstes errichtet hatte, endlich entzwei.

VERÄNDERUNG

*„Es gibt nur eine Mannschaft,
die uns schlagen kann – das sind wir selbst."*

– Franz Beckenbauer, ehemaliger deutscher
Fußballspieler, -trainer und - funktionär

Der Schmerz, den der Brief in ihr ausgelöst hatte, begleitete Susanne durch den ganzen Tag. Es war ein Gefühl, das sie sehr an Liebeskummer erinnerte:

Es war, als ob sich eine schwere, erdrückende Last auf ihre Brust gesetzt hatte und ihr die Kehle zuschnürte.

So sehr Susanne auch versuchte, sich abzulenken, kreisten ihre Gedanken doch immer wieder um dieselben Fragen:

Wie wäre ihr Leben verlaufen, wenn sie ihre Pläne damals nicht hätte aufgeben müssen?

Wie würde ihr Alltag heute aussehen?

Welchem Beruf würde sie nachgehen, und wo würde sie leben?

Und worüber sie am meisten grübelte: Dieses andere Leben, würde es sie glücklich machen?

Während Susanne sich diese Fragen stellte, machte sich neben dem liebeskummerartigen Schmerz nun auch noch ein schlechtes Gewissen in ihr breit:

Wer war sie schon, dass sie sich diese Fragen zu stellen traute?

Und wie um alles in der Welt konnte sie es wagen, über ein anderes Leben überhaupt nachzudenken – ein Leben ohne Noah?

Doch, genau wie Susanne es auch vom Liebeskummer kannte, ließen sich auch diese Gefühle in ihr nicht einfach durch rationales Denken außer Gefecht setzen.

Vielmehr schienen die Fragen und Gedanken immer lauter in ihr zu werden, je mehr sie versuchte, sie zu unterdrücken.

Und nach ein paar Stunden rastloser Grübelei zog Susanne schließlich ein altes Notizbuch hervor und tat etwas, was sie schon im Teenageralter getan hatte, wenn sie von Liebeskummer oder anderen Sorgen gequält worden war:

Sie beschloss, all die Dinge, die sie beschäftigten, aufzuschreiben:

Liebes Tagebuch,

begann sie, wie schon früher, ihren Eintrag:

Ich weiß gar nicht, wohin mit mir und wohin mit meinen Gedanken. Vielleicht kannst Du sie mir ja abnehmen, damit sie mich nicht weiter quälen.

Also, alles hat mit einem Brief begonnen. Mit einem Brief, den ich selbst geschrieben habe:

Vor einem viertel Jahrhundert habe ich ihn an meine Eltern verschickt, um ihnen von meinem Leben und meinen Plänen zu erzählen.

Gestern hat der Brief den Weg zurück zu mir gefunden. Und seitdem fühlt es sich so an, als wäre das von vornherein der Plan gewesen:

Es fühlt sich so an, als hätte ich den Brief an mich selbst geschickt – an mein verändertes Selbst in einem anderen Leben.

Und es fühlt sich so an, als hätte ich ihn an mich selbst geschickt, um mich daran zu erinnern, wer ich einmal war und wer ich einmal sein wollte.

Nur, dass ich heute keiner von beiden mehr bin.

Und das macht mich traurig – irgendwie.

Ich weiß noch nicht genau, warum, denn eigentlich ist alles gut, so wie es ist – oder?

Ich meine, immerhin habe ich alles, was ich brauche, ich bin gesund, meiner Familie geht es gut ...

Nur war die ganze Reise eben etwas unspektakulärer, als ich sie mir anfangs vorgestellt habe. Und je älter ich werde, desto unspektakulärer wird sie.

Die abenteuerlichen Wege, die es vor ein paar Jahren noch zu meistern galt, sie liegen hinter mir.

Und obwohl der Anstieg nicht immer einfach war, fehlt es mir ein bisschen, die Aussicht von oben zu genießen.

Susanne war selbst überrascht davon, wie mühelos ihr das Schreiben von der Hand ging. Es gab wohl doch noch Dinge, die man einfach nicht verlernte – so wie das Radfahren:

Als sie noch zur Schule gegangen war, hatte Susanne sehr gerne und auch sehr regelmäßig an kleineren Schreibwettbewerben teilgenommen.

Es hatte ihr immer schon riesigen Spaß gemacht, mit wenigen Worten eine völlig neue Welt zu erschaffen – oder – wie heute – mit ein paar Sätzen einem Gedanken Gestalt zu verleihen.

Nachdenklich betrachtete sie den letzten Absatz, den sie niedergeschrieben hatte:

> *Und obwohl kein Anstieg jemals einfach war, fehlt es mir ein bisschen, die Aussicht von oben zu genießen.*

„Das ist es", dachte Susanne laut. „Das ist es, was mir fehlt:

Mir fehlen die Berge in meinem Leben, die Highlights auf meinem Weg.

Seitdem Noah groß ist, bewege ich mich al eine auf einer weiten Ebene: Es ist nicht besonders anstrengend, aber der Sonne kommt man auch nicht nahe.

Es wird Zeit, mal wieder einen Gipfel zu erklimmen.

Es wird Zeit, die Reise mal wieder etwas aufregender zu gestalten."

HOFFNUNG

„Jedes Spiel hat zwei Halbzeiten."

– Ernst Happel, ehemaliger österreichischer Fußballspieler und -trainer

Am nächsten Tag – es war jetzt bereits Donnerstag – ging es Susanne schon um einiges besser.

Das Niederschreiben ihrer Gedanken hatte irgendetwas in ihr befreit. Die drückende Last, die sie noch einen Tag zuvor deutlich gespürt hatte, war zu einer freudigen Aufregung geworden.

Susanne hatte sich fest vorgenommen, heute mit der Planung ihrer zweiten Lebenshälfte zu beginnen.

Der Brief von ihrem vergangenen Ich hatte sie wachgerüttelt.

Und er hatte sie an etwas erinnert, was sie längst vergessen hatte:

Er hatte sie daran erinnert, wie es sich anfühlte, ein Leben zu führen, das nicht nur dem Fluss des Alltagstrottes folgte.

Er hatte sie daran erinnert, wie es sich anfühlte, ein Leben zu führen, das aus den eigenen Vorstellungen heraus aktiv gestaltet wurde.

Doch wie ging man nun vor, wenn man sein Leben umkrempeln will? Wie veränderte man seinen Alltag, wenn sich dieser seit Jahrzehnten in denselben Bahnen bewegte?

Susanne beschloss, sich für ihr Vorhaben professionelle Unterstützung dazuzuholen:

Wenn sie sich richtig erinnerte, hatte ihre ehemalige Studienfreundin Gabriele, kurz nachdem Susanne ihr Studium abbrechen musste, auf Psychologie umgesattelt.

Sie hatten den Kontakt damals nicht lange halten können; zu unterschiedlich hatten sich die Dinge, die ihr Leben bestimmten, verändert.

Aber auch Gabi war in dem Brief aufgetaucht, den Susi von ihren Eltern an ihrem 50. Geburtstag überreicht bekommen hatte.

Und diese Tatsache deutete Susanne einfach mal als ein Zeichen.

Sie ging in Noahs altes Zimmer, in dem noch ein Schreibtisch und ein Rechner standen, und startete den PC.

Nachdem der PC hochgefahren war, öffnete sie den Browser und gab Gabis alten Mädchennamen ein: *Gabriele Wagner.* Schließlich fügte sie auch noch den Namen der Stadt, in der sie gemeinsam studiert hatten, hinzu und klickte auf *Suche.*

Die Ergebnisliste zeigte fünf Treffer an, wobei jeder davon zu einem Eintrag in einem Adressbuch führte.

Susanne öffnete die Website, die zu den Adressangaben führte.

Wie sie dann feststellte, wohnten vier der fünf Frauen, die Gabriele Wagner hießen, mit einem Mann zusammen, der ebenfalls Wagner hieß. Susanne nahm an, dass es sich jeweils um ein Ehepaar handelte.

Und da es in ihrer Generation noch üblich war, dass die Frau den Namen des Mannes annahm, war der Mädchenname dieser Damen aller Wahrscheinlichkeit nach ein anderer.

Susannes Augen wanderten zum letzten verbleibenden Treffer. Sie kopierte die Adresse der einzigen alleinlebenden Gabriele Wagner und gab sie wiederum in die Suchleiste ein.

Doch auch bei dieser Frau konnte es sich kaum um ihre alte Studienfreundin handeln: Wie sich zeigte, entsprach die angegebene Adresse der eines größeren Seniorenheims im Zentrum der Stadt.

Susanne seufzte. In den Filmen, die sie sonntags gerne sah, hätte sie vermutlich gar nicht erst nach Gabi suchen müssen:

Sie wäre ihr rein zufällig in einem alten Café begegnet und alles wäre gewesen wie früher. Manchmal war es wirklich ein Jammer, dass Inga Lindström nicht die Regisseurin ihres Lebens war.

Susanne schmunzelte. So schnell aufgeben wollte sie aber auch nicht.

Nachdenklich wiegte sie ihren Kopf und überlegte, mit welchem Schlagwort sie Gabriele noch finden könnte.

Und zu ihrer eigenen Überraschung kam Susanne bereits kurze Zeit später die zündende Idee: „Psychologen arbeiten doch meistens selbständig. Vielleicht finde ich sie ja über ihren Beruf!", sagte sie zu sich selbst.

Schnell ergänzte sie ihre Suchanfrage noch um das Wort *Psychologin.*

Und tatsächlich zeigte der Bildschirm nun einen sehr vielversprechenden Treffer an:
Gabriele Wagner – Positive Psychologie und Lebensberatung

Susanne grinste. Das sah Gabi ähnlich. Schon bei ihren gemeinsamen Kochabenden hatte es Gabi geliebt, stundenlang über das Leben zu philosophieren.

Und je mehr Wein geflossen war, desto weniger hatte sie dabei ihre subjektive Sicht auf die Dinge und auch den ein oder anderen gut gemeinten Ratschlag zurückgehalten.

Neugierig klickte Susanne auf den Link.

In einem neuen Fenster öffnete sich eine ansprechend gestaltete Homepage.

Psychologische Beratung ist nicht psycho! lautete der Slogan, der in einer olivgrünen, fett gedruckten Schrift die Mitte der Seite schmückte.

Ein bisschen weiter unten war in einem leichten Beige-Ton zu lesen: *Lifecoaching ist für alle da.*

Und als Susanne schließlich noch etwas herunter scrollte, lachte ihr eine etwas gealterte, aber unschwer wiederzuerkennende Gabriele Wagner mit einem breiten Grinsen enthusiastisch zu.

Es war dasselbe überzeugende Grinsen, mit es ihr schon zu Studienzeiten gelungen war, die Leute für sich zu gewinnen.
Susanne hatte keine Zweifel daran, dass Gabis Beratungsunternehmen erfolgreich war.

Sie klickte sich durch die verschiedenen Reiter des Internetauftritts.

Eine Telefonnummer oder E-Mail-Adresse war nirgends zu finden; aber nach einiger Zeit war Susanne immerhin auf ein Kontaktformular gestoßen, das sie nun beschloss, auszufüllen.

Doch, wie begrüßte man nun eine Freundin aus früheren Zeiten, die man seit Jahrzehnten nicht gesehen hatte?

Susanne kam sich in diesem Moment albern vor:

Was erwartete sie denn, was Gabriele ihr antworten würde?

Bestimmt hatte sie ohnehin einen prall gefüllten Terminkalender; als ob sie dann noch Zeit und Muse hätte, alten Bekannten aus ihrer Verzweiflung zu helfen?

Auf der anderen Seite wäre die Gabi von damals wohl die Letzte gewesen, die sich nicht über die Nachricht einer ehemaligen Weggefährtin freuen würde.

Susanne atmete tief durch, schob ihre Zweifel beiseite und begann, zu schreiben:

Liebe Gabi,

tippte sie ein.

Ich hoffe, Dir geht es so gut, wie Du auf dem Bild aussiehst! Obwohl wir uns seit über 25 Jahren nicht gesehen haben, habe ich Dich sofort wiedererkannt.

Ich bin mir nicht ganz sicher, ob Du Dich noch an mich erinnerst – aber ich bin es, die Susi aus Deiner Studienzeit.

Wir haben oft zusammen bei mir gekocht und Du hast mich damals mit Deinen weisen Ratschlägen schon aus vielen Situationen gerettet.

Und, wie soll ich sagen? Ich bräuchte mal wieder einen solchen weisen Ratschlag von Dir.

Falls Du Dich noch an mich erinnerst, und Lust hast, etwas mit mir über den Sinn des Lebens zu philosophieren, würde ich mich sehr über Deine Antwort freuen.

Bis dahin wünsche ich Dir das Allerbeste.

Deine Susi

CHANCEN

*„Auch wenn es eigentlich unmöglich ist,
ist es noch möglich."*

– Stefan Effenberg, ehemaliger deutscher Fußballspieler, -trainer und -funktionär

Als sich Susanne am Samstagmorgen auf den Weg zum Bahnhof machte, um Noah abzuholen, hatte sie noch immer nichts von Gabi gehört.

Den Freitag hatte sie mit Hausarbeit verbracht und die ersten Vorbereitungen für ihre zweite Geburtstagsfeier getroffen.

Sie konnte nicht sagen, auf welche der beiden Feiern sie sich mehr gefreut hatte – das Abendessen mit ihren Eltern oder den Geburtstagsbrunch mit ihrem Sohn.

Susanne hatte schon immer ein enges Verhältnis zu ihren Eltern gehabt, und da sie ein Einzelkind war, hatte es auch immer eine freundschaftliche, fast geschwisterähnliche Komponente gehabt.

Und auch zu Noah pflegte sie eine sehr enge Bindung. Diese wiederum war natürlich unter anderem der Tatsache geschuldet, dass sie fast das gesamte bisherige Leben ihres Sohnes zu zweit verbracht hatten.

Susanne musste nicht lange auf Noahs Zug warten. Bereits eine viertel Stunde, nachdem sie am Bahnhof eingetroffen war, kam ihr ein noch verschlafen dreinblickender Noah auf dem Gleis entgegen.

Von Berlin aus fuhr man etwa vier Stunden mit dem Zug hierher, weshalb er schon vor fünf Uhr aufgestanden sein musste.

„Alles Gute noch einmal nachträglich, Mama!" wurde Susanne begrüßt. „Lass dich drücken!"

Noah stellte seinen Koffer kurz ab und nahm sie in den Arm.

Susanne strahlte. Endlich hatte sie ihren Sohn wieder bei sich – wenn auch nur für dieses Wochenende: „Ich freu mich so, dass Du da bist. Jetzt kann Geburtstag gefeiert werden!"

Zuhause angekommen, beschlossen sie, sofort mit den Frühstücksvorbereitungen zu beginnen, denn sowohl Susanne als auch Noah knurrte schon der Magen.

Am Vortag hatte Susanne bereits einige Dips zubereitet, die nun nur noch angerichtet werden mussten.

Dazu würde es frisch gebackene Brötchen geben, die ebenfalls nur noch in den Ofen geschoben werden mussten: Susanne hatte den Hefeteig bereits am Vorabend angesetzt und konnte ihn nun weiterverarbeiten.

Ansonsten hatte Noah unterwegs noch zwei Kirschtaschen besorgt, die ebenfalls auf dem Frühstückstisch landeten.

„So lässt es sich aushalten", sagte Noah mit einem zufriedenen Blick auf die angerichteten Leckereien. „Das ist doch mal was anderes als das Mensa-Essen in der Uni."

Susanne lachte. „Naja, das Mensa-Essen musst du ja nicht essen. Du könntest dir ja auch selber einfach mal etwas kochen, aber das habe ich dir ja schon oft gesagt. Als ich in deinem Alter war..."

„... hast du dir jeden Abend etwas Frisches und Gesundes gekocht, ich weiß, Mama." – Noah unterbrach sie mit einem breiten Grinsen. „Aber wir wissen beide, dass ich in diesem Bereich einfach absolut talentfrei bin."
Jetzt mussten sie beide lachen.

Susanne konnte sich noch sehr gut an Noahs vergebliche Bemühungen in der Küche erinnern.

Meistens landete dabei mehr Essen auf dem Boden als letztendlich auf dem Teller.

„Ich finde es eben einfach schade, dass du noch nicht herausgefunden hast, wie viel Spaß das Werkeln in der Küche machen kann. Dabei ist es so etwas Schönes, jemanden zu bekochen – und in der Damenwelt würde es dir bestimmt auch Pluspunkte einbringen", gab sie verschmitzt zurück.

„Ach Mama, ich glaube, die Pluspunkte brauche ich gar nicht." Noah sah sie triumphierend an.

Tatsächlich hatte er schon oft ein Mädchen mit nach Hause gebracht, aber nie zweimal dasselbe.

Naja, irgendetwas muss er ja von seinem Vater geerbt haben, dachte Susanne.

„Ist es dieses Mal etwas Ernstes?", fragte sie ihren Sohn hoffnungsvoll.

„Das werden wir noch sehen", gab Noah verschmitzt zurück und zuckte lässig mit den Schultern.

Aber die Art und Weise, wie seine Augen plötzlich zu strahlen begannen, hatte ihn bereits verraten: Susanne war sich mehr als sicher, dass es dieses Mal nicht nur um eine lose Bekanntschaft handelte.

Sie grinste ihn an. „Du darfst deine Freundin gerne mit hierher bringen, wenn du mich das nächste Mal besuchst."

Noah errötete und blickte Susanne verdutzt an.

So falsch konnte sie mit ihrer Vermutung also nicht liegen.

„Meinst du, die Brötchen sind schon fertig? Es riecht schon so gut überall", wechselte Noah schnell das Thema. „Ich gehe kurz nachsehen, ja?"

„In Ordnung", gab Susanne zurück. „Wenn sie fertig sind, schalte doch bitte den Ofen gleich aus und bring sie mit zum Tisch."

Kurze Zeit später kehrte Noah mit einem Teller goldbraun gebackener und wohl duftender Brötchen zurück.

In der Zwischenzeit hatte Susanne noch zwei Gläser mit dem restlichen Sekt gefüllt, der noch vom Geburtstagsdinner mit ihren Eltern übrig war.

Noah setzte sich an den Tisch und rieb sich die Hände: „Na dann – lasset das Festmahl beginnen!"

Nachdem auch Susanne Platz genommen hatte, schnappte er sich eines der beiden Sektgläser und hob es feierlich an: "Auf die beste Mama, die es gibt!"

Auch Susanne nahm sich ein Glas, um mit ihm anzustoßen. „Danke, mein Schatz", gab sie lächelnd zurück. „Und danke, dass du da bist – das ist wie immer das schönste Geschenk, das ich mir nur vorstellen kann."

Nach dem Frühstück beschloss Susanne, noch etwas an die frische Luft zu gehen.

So sehr sie es auch liebte, ausgiebig zu brunchen, so sehr lagen ihr die Köstlichkeiten danach dann im Magen.

Noah hatte sich ohnehin dazu entschieden, noch ein wenig Schlaf nachzuholen, und so hatte Susanne etwas Zeit für sich.

Es war heute deutlich kälter als die Tage zuvor. Susanne packte sich dick ein und machte sich auf den Weg in Richtung Wald, wo sie am allerliebsten spazieren ging.

Diese einzigartige Stille, die man nur dort wiederfinden konnte, hatte schon immer eine ungemein beruhigende Wirkung auf sie gehabt.

An keinem anderen Ort konnte Susanne so gut abschalten und Ordnung in ihre Gedanken bringen.

Während sie dem weichen Waldweg in die Richtung des nahegelegenen Flusses folgte, gingen ihr viele Dinge durch den Kopf:

Da war immer noch der leichte Nachgeschmack ihrer bittersüßen Geburtstagsmelancholie, der einfach nicht verfliegen wollte und ihre Gedanken immer wieder in die Vergangenheit zurückholte.

Gleichzeitig aber spürte Susanne eine ungeduldige Aufregung in sich – eine Freude auf das, was noch darauf wartete, von ihr entdeckt zu werden.

Sie fühlte sich ein bisschen wie ein kleines Schulmädchen am letzten Tag vor den großen Ferien: Nur noch eine einzige Schulstunde trennte sie von einem Sommer voller Abenteuer, die einmal zu wunderschönen Erinnerungen werden würden.

AM BALL BLEIBEN

„Du hörst erst mit Lernen auf, wenn du aufgibst."

– Ruud Gullit, niederländischer Fußballmanager

Als Susanne von ihrem Waldspaziergang zurückgekehrt war, lag Noah noch immer in seinem alten Kinderbett und schlief.

Vor dem frühen Nachmittag war wohl nicht wieder mit ihm zu rechnen. Wenn Noah einmal schlief, dann schlief er tief und fest und meistens mehrere Stunden am Stück.

Susanne beschloss daher, es sich mit einem guten Buch auf dem Sofa gemütlich zu machen. Sie nahm sich den Roman zur Hand, den sie vor einiger Zeit begonnen hatte, zu lesen, und setzte sich auf die Couch.

Gerade aber, als sie das Buch aufgeschlagen wollte, klingelte das Telefon.

Sie erkannte die Stimme am anderen Ende der Leitung sofort.

„Hallo Susi, ich bin's!", tönte es ihr fröhlich entgegen. „Deine alte Studienfreundin Gabi."

Sofort zog sich ein Grinsen über Susannes Gesicht. „Wie schön“, gab sie lächelnd zurück. „Du hast meine Nachricht also erhalten.“

„Ja, ich habe sie gerade eben gelesen – und du glaubst gar nicht, wie sehr ich mich darüber gefreut habe. Ich meine – wie lange ist es her? Es ist verrückt, wie die Zeit vergeht, nicht wahr, meine Liebe?“

„Wem sagst du das“, gab Susanne seufzend zurück. „Jetzt bin ich schon 50. Kannst du dir das vorstellen? Fünf-zig.“

„Tja, dann willkommen im Club, altes Mädchen!“ Gabi lachte. „Aber weißt du was? Mir geht es besser denn je. Ich würde mich gegen keine jüngere Version von mir tauschen wollen.“

„Das freut mich sehr, zu hören. Und das ist genau das richtige Schlagwort – aus diesem Grund wollte ich mit dir sprechen.“ Susanne hielt kurz inne und überlegte, wie sie ihr Anliegen am besten formulieren sollte. Zögerlich fuhr sie fort: „Erinnerst du dich noch daran, wie wir in meiner alten Küche gestanden sind und über unsere Träume und Zukunftspläne gesprochen haben?“

„Aber natürlich erinnere ich mich noch daran!“, erwiderte Gabi entschlossen.
„Wie könnte ich das je vergessen!“

„Dann erinnerst du dich bestimmt auch daran, wie meine Pläne von heute auf morgen über Bord geworfen werden mussten?", fragte Susanne.

„Auch daran erinnere ich mich." Gabis Stimme war sanfter geworden.

„Naja, ich habe es nie geschafft, sie wieder einzusammlen und neu aufzubauen", sagte Susanne leise. „Und ich dachte mir, vielleicht könnte mir die Unterstützung einer alten Vertrauten bei diesem Vorhaben weiterhelfen", fügte sie hoffnungsvoll hinzu.

Durch die Leitung konnte Susanne spüren, dass Gabi bis über beide Ohren strahlte. „Du hast dabei an mich gedacht? Du glaubst gar nicht, wie sehr mich das freut! Das bedeutet mir wirklich viel, Susi."

„Wir können uns gerne einmal zu einem kleinen Lebensberatungsgespräch treffen, wenn du magst."

Fachmännisch fuhr sie fort: „Normalerweise klären wir dann erst einmal, was das Ziel der Beratung sein sollte. Dann würden wir uns einmal deine aktuelle Situation ansehen und herausarbeiten, wie es dir dabei geht.

Und schließlich besprechen wir dann deine Ziele für die Zukunft und natürlich auch den Weg dorthin."

Man spürte direkt, dass Gabi nun ganz in ihrem Element war. „Klingt das für dich nach einer guten Idee?"

„Das klingt sehr vielversprechend, Frau Diplom-Psychologin“, gab Susanne neckend zurück. „Nein, im Ernst, Gabi. Das klingt genau nach dem, was ich jetzt brauche.“

„Schön, dann lass uns doch einen Termin vereinbaren. Natürlich musst du die Beratung nicht bezahlen, das versteht sich ja von selbst.“

„Oh, ich weiß nicht, ob ich das annehmen kann. Du bist ja quasi ein Profi, ich würde dir gerne etwas für deine Hilfe geben.“

„Hm, da gäbe es schon etwas“, erwiderte Gabi vorsichtig. „Hast du noch das Rezept für den Käsekuchen, den du früher immer gebacken hast?“

Susanne lachte. „Aber sicher habe ich das noch. Ich bringe den Kuchen zum Treffen mit.“

„Das wäre ein Träumchen!“, jubelte Gabi am anderen Ende der Leitung. „Wie wäre es bei dir also nächste Woche am Sonntagnachmittag, so gegen 15:00 Uhr? Freitags und samstags ist mein Terminkalender leider schon voll.“

„Sonntag passt perfekt“, stimmte Susanne ihrem Vorschlag nickend zu. „Komm doch einfach zu mir, hier sind wir ungestört.“ Noah würde ohnehin schon am kommenden Dienstag wieder abreisen.

„Super, dann lass uns noch kurz Adressen und Handynummer austauschen, dann kann das Projekt *Susi´s dream life* beginnen!"

Susanne lachte. Sie gab ihre Anschrift und Handynummer durch und notierte sich auch Gabrieles Kontaktdaten.

Mit einem zuversichtlichen Lächeln auf dem Gesicht und einem vorfreudigen Gefühl im Bauch legte sie schließlich auf.

Der Tag ihres Treffens mit Gabi war schneller gekommen, als Susanne es für möglich gehalten hätte.

Sie war so beschäftigt dabei gewesen, sich über Noahs Anwesenheit zu freuen, dass die Zeit wie im Flug verging.

Seit Montag war sie zudem wieder in die Arbeit gegangen, und am Dienstag hatte sie ihren Sohn dann wieder verabschieden müssen.

Den Rest der Woche hatte sie viel gearbeitet und sich wenig Gedanken um das gemacht, was sie am Sonntag mit Gabriele besprechen wollte:

Wie es immer so war, hatte sie der Alltagstrott wieder schneller eingefangen, als sie das Wort *Urlaub* auch nur buchstabieren konnte.

Und so fühlte es sich am Sonntagnachmittag so an, als wären seit dem Telefonat zwischen Susanne und Gabriele nur wenige Stunden vergangen, als sie sich – zum ersten Mal seit über 25 Jahren – gegenüber standen.

Gabi hatte sich wirklich kaum verändert, und das Bild, das Susanne schon auf Gabis Homepage bewundert hatte, entsprach tatsächlich der Realität:

Obwohl die letzten Jahre nicht spurlos an ihr vorbeigegangen zu sein schienen, strahlte sie doch so eine Lebensfreude und Energie aus, dass sie um einiges jünger wirkte, als sie es war.

Susanne hatte am Küchentisch bereits ein Kaffeegedeck vorbereitet.

Sie ließen sich also zunächst ein Stück von *Susis sensationellem Käsekuchen* schmecken, wie Gabi ihn nannte, und berichteten sich davon, wie es ihnen in all den Jahren so ergangen war.

Es musste bereits 16:30 Uhr gewesen sein, als sie sich dem eigentlichen Grund ihres Treffens widmeten:

„Also, meine Liebe", begann Gabi die Beratungsstunde. „In welcher Sache wünschst du dir nun meinen Rat?"

Susanne holte ein bisschen aus. Sie erzählte ihr darüber, wie sie ihre eigenen Lebenspläne mit Noahs Geburt erst einmal verworfen hatte.

Sie erklärte ihr, dass von diesem Zeitpunkt an ihr Sohn der Mittelpunkt ihrer Gedanken gewesen war.

Und sie berichtete ihr von der Leere, die geblieben war, seitdem sie wieder allein war mit ihrem Leben und all dem, was sie sich einmal davon erträumt hatte.

Obwohl ihr Gabi zuvor erzählt hatte, selbst keine Kinder zu haben und auch nie einen Kinderwunsch verspürt zu haben, schien sie genau zu verstehen, wie Susanne sich fühlte.

„Das kann ich gut nachvollziehen, Susi", sagte sie in einem tröstlichen Ton und sah Susanne mitfühlend an. „Und es ist ganz normal, dass sich Eltern wieder neu sortieren müssen, wenn die Kinder das Nest verlassen haben. Da bist du nicht allein – das geht vielen meiner Klienten so."

Susanne lächelte sie dankbar an. Es tat gut, zu wissen, dass man nicht die Einzige war, die mit dieser Situation zu kämpfen hatte.

„Weißt du", wandte sie sich wieder an Gabriele, „all die Jahre hat sich alles um Noah gedreht – und das war in Ordnung für mich.

Aber je älter er wird, desto mehr spüre ich, dass er mich nicht mehr so sehr braucht wie früher. Und das – tut mir weh.

Mir fehlt das Gefühl, dass es einen Unterschied macht, ob ich da bin oder nicht."

Und obwohl sie es mit aller Kraft zu verhindern versuchte, kamen Susanne die Tränen.

„Ach Schätzchen", sagte Gabi und legte ihr einen Arm um die Schulter. „Rede dir doch so etwas nicht ein. Natürlich macht es einen Unterschied, ob du da bist oder nicht."

Susanne wischte sich die Tränen aus dem Gesicht. „Manchmal fühlt es sich eben nicht so an", gab sie achselzuckend zurück.

„Und genau das ist der Punkt, an dem wir ansetzen können", nickte ihr Gabi aufmunternd zu.

„Unsere Mission ist es, dir wieder das Gefühl zurückzuholen, gebraucht und anerkannt zu werden. Denn das, meine Freundin", – sie machte eine bedeutungsschwere Pause –, „ist ein menschliches Urbedürfnis, das wir alle in uns tragen – ob wir es uns eingestehen wollen oder nicht."

FRAGEN

„Wir stellen Fragen, ohne uns durch die Antworten irritieren zu lassen."

– Werner Hansch, deutscher Fußballkommentator

Gabi und Susanne hatten beschlossen, ihre gemeinsame Mission schrittweise anzugehen:

Bis zu ihrem nächsten Treffen würde Susanne drei Fragen für sich beantworten, die ihr Gabi als Hausaufgabe mit auf den Weg gegeben hatte.

Je nachdem, wie die Antworten darauf ausfallen würden, würden sie die nachfolgenden Schritte planen.

Den Zettel mit den drei Fragen hatte Susanne – wie Gabi es empfohlen hatte – direkt auf die Innenseite der Haustür geklebt.

So würde sie sich jedes Mal, wenn sie das Haus verließ, mit ihnen beschäftigen.

Gabi hatte ihr empfohlen, von Montag bis Mittwoch jeweils eine Frage zu beantworten. Den Donnerstag und den Freitag konnte sie dann dafür nutzen, etwas Abstand zu ihren Antworten zu bekommen.

Und am Samstag schließlich würden sie sich dann wiedersehen und die Fragen und alles Weitere besprechen.

Am Montag stand für Susanne damit nicht nur der erste Tag einer langen Arbeitswoche, sondern auch die erste Frage an.

Mit zusammengekniffenen Augen las sie die Frage, als sie sich gegen 5:30 auf den Weg zu ihrer Schicht machte:

Frage Nr. 1:

Was macht dich so richtig glücklich?

Susanne war gewissermaßen erleichtert. Das war eine Frage, die sich relativ schnell beantworten ließe:

In erster Linie machte es sie glücklich, wenn sie ihren Sohn sehen konnte und wenn es ihm gut ging.

Ein bisschen mehr Geld würde sie vermutlich auch sehr glücklich machen.

Dann liebte sie natürlich gutes Essen, ganz egal ob es darum ging, es zuzubereiten oder zu genießen.

Ebenso mochte sie das Gefühl, liebe Menschen um sich herum zu haben.

Susanne überlegte. Was gab es sonst noch, das sie glücklich machte?

Sie dachte an die Dinge, denen sie im Alltag gerne nachging:

Lange Spaziergänge im Wald und auch das Lesen würden sich definitiv auch in ihrer Antwort wiederfinden.

Und – auch wenn sie es erst vor kurzem wieder für sich entdeckt hatte – in gewisser Weise auch das Schreiben, das ihr wirklich gut tat.

Susanne lächelte zufrieden, als sie auf den Mitarbeiterparkplatz einbog.

Sie hatte schon befürchtet, dass Gabis Fragen sie weitaus länger beschäftigen und in weitaus schwerere Sinnkrisen stürzen würden.

Aber diese erste Frage hatte ihr wirklich gut gelegen. Nach Feierabend würde sie die Antworten noch auf einem Notizblock festhalten – und der erste Teil ihrer Hausaufgabe wäre schon einmal erledigt.

Auch am nächsten Tag startete Susanne mit einer von Gabis Fragen in den Tag:

Frage Nr. 2:

Bewerte bitte nun auf einer Skala von 1 bis 10, ob du genug von den Dingen in deinem Leben hast, die dich glücklich machen (würden).

Hinweis: Du kannst dabei deine Antworten aus Frage Nr. 1 zur Hand nehmen:

Tust du die Dinge, die dir gut tun, oft genug? Oder würdest du dir wünschen, sie vermehrt in deinem Leben zu haben?

Der Wert 1 auf der Skala bedeutet, dass du die Dinge gar nicht in deinem Leben hast. Der Wert 10 bedeutet, dass keine Steigerung mehr möglich wäre.

Begründe deine Bewertung gerne auch stichpunktartig, das wird uns bei der Analyse sehr weiterhelfen!

Diese Frage würde sie in aller Ruhe nach der Arbeit beantworten, dachte sich Susanne, als sie ins Auto stieg.

Sie hatte noch keine Pläne für den Nachmittag und Abend; und auf eine bestimmte Art und Weise machte es ihr Spaß, sich mit Gabis Fragen auseinanderzusetzen.

So hatte sie gleich etwas, worauf sie sich noch freuen konnte, wenn sie am späten Nachmittag wieder nach Hause kommen würde.

In der Arbeit gab es viel zu tun an diesem Dienstag:

Zwei Kollegen waren überraschend ausgefallen, und das galt es nun, auszugleichen. Susannes Chef hatte versucht, noch Ersatzkräfte zu organisieren, aber niemanden erreicht.

Es war schließlich bereits 18:00 Uhr, als Susanne wieder zu Hause ankam.

Nicht mal eine Mittagspause hatte sie sich heute genehmigt.

Daher beschloss sie, sich erst einmal etwas Schnelles zu kochen und den Abend danach noch entspannt ausklingen zu lassen.

So fand sie sich eine gute Portion Spaghetti Carbonara und eine lange Dusche später – eingekuschelt in ihrer Lieblingsdecke – auf dem Sofa wieder.

Müde zappte sie sich etwas durch das Fernsehprogramm und blieb schließlich an einer Quizshow hängen.

Und als der Moderator die nächste Frage ankündigte, fiel es ihr siedendheiß ein:

Sie hatte ihre Hausaufgabe für morgen noch nicht erledigt.

Nachdem sie eine Weile mit sich gerungen hatte, stand sie schließlich seufzend auf, stiefelte zur Haustür und nahm den Zettel mit den Fragen ab.

Sie holte ihren Notizblock herbei, schaltete den Fernseher aus und begann, zu schreiben:

Frage Nr. 2 - meine Antworten

a) Aspekt, der mich glücklich macht:
Zeit mit Noah

Bewertung:
7 von 10 Punkten

Begründung:
Manchmal wünsche ich mir, noch mehr Zeit mit ihm verbringen zu können oder ihn vielleicht auch einmal in Berlin zu besuchen. Das ist aber oft nicht möglich, weil ich an sechs Tagen in der Woche arbeite, und für einen Tag lohnt sich die Anreise kaum.

b) Aspekt, der mich glücklich machen würde:
mehr Geld

Bewertung:
6 von 10 Punkten

Begründung:
Ich wünsche mir gar nicht den großen Batzen an Geld, aber vielleicht einfach den Luxus, nur noch an vier oder fünf Tagen in der Woche arbeiten zu gehen. Grundsätzlich bin ich schon zufrieden mit meiner finanziellen Lage: Mir gehört ja mittlerweile das Haus meiner Eltern, also bin ich da abgesichert. Aber ein bisschen Kleingeld für Urlaube oder Besuche bei Noah könnte definitv nicht schaden.

c) Aspekt, der mich glücklich macht:
Kochen, Backen und Essen

Bewertung:
5 von 10 Punkten

Begründung:
Ich würde gerne häufiger und aufwendiger kochen bzw. backen und dann auch essen. Allerdings bin ich oft nach der Arbeit zu müde dafür.

Und für mich alleine lohnt es sich nicht, so große Mengen zu kochen. Außerdem fände ich es schön, mal wieder gemeinsam mit anderen zu kochen. Meine Freundinnen, die hier in der Nähe wohnen, finden aber wenig Freude daran.

d) Aspekt, der mich glücklich macht:
liebe Menschen um mich zu haben

Bewertung:
6 von 10

Begründung:
Ich mag meine Eltern und meine Freunde und Bekannte hier vor Ort, Aber – wie oben erwähnt – hätte ich gerne noch mehr Menschen in meinem Umfeld, die meine Interessen teilen. Und ich hätte gerne öfter Kontakt zu anderen, denn, wenn ich ehrlich bin, fühle ich mich doch oft einsam, vor allem seitdem Noah nicht mehr da ist.

e) Aspekt, der mich glücklich macht:
lange Spaziergänge im Wald

Bewertung:
9 von 10

Begründung:

Hier bin ich sehr zufrieden, ich finde oft die Zeit dafür. Es wäre vielleicht schön, mich noch etwas besser in der Natur auszukennen.

f) Aspekt, der mich glücklich macht:

Lesen

Bewertung:

10 von 10

Begründung:

Gerade am Wochenende nehme ich mir oft die Zeit dafür. Hier gibt es nichts, was ich verändern wollen würde.

g) Aspekt, der mich glücklich macht:

Schreiben

Bewertung:

7 von 10

Begründung:

Dieses Hobby habe ich gerade erst wieder entdeckt, und merke einfach, wie gut es mir tut. Es wäre bestimmt toll, das noch weiter auszubauen.

Als Susanne den Stift wieder beiseite legte, war es bereits 23:00 Uhr.

Sie war so vertieft in ihre eigenen Gedanken gewesen, die sie zu Papier bringen wollte, dass sie gar nicht bemerkt hatte, wie die Zeit verflogen war.

Es überraschte sie daher selbst am wenigsten, dass sie am nächsten Tag verschlief.

Ihren Wecker hatte sie wohl im Halbschlaf reflexartig zum Verstummen gebracht.

Erst, als gegen 08:30 Uhr das Telefon läutete, wachte sie schließlich auf.

Am anderen Ende der Leitung meldete sich Susannes Chef zu Wort.

An seiner zittrigen Stimme erkannte Susanne sofort, wie aufgelöst er war. Als Susanne heute Morgen nicht zum Dienst erschienen war, hätte er sich sofort furchtbare Sorgen um sie gemacht. Schließlich war sie in den 20 Jahren, in denen sie schon für ihn arbeitete, kein einziges Mal zu spät gekommen, brachte er stammelnd hervor.

Susanne murmelte ein peinlich berührtes „Entschuldigung" in den Hörer und versprach, sich sofort auf den Weg zu machen.

Sie nahm sich nicht einmal mehr die Zeit, die dritte Frage zu lesen, als sie hastig durch die Haustür verschwand.

Das schlechte Gewissen verfolgte Susanne noch den ganzen Tag.

Sie beschloss, den Teil ihrer Schicht, den sie am Morgen versäumt hatte, abends noch nachzuholen.

Und so kam sie auch an diesem Tag erst gegen 18:00 Uhr nach Hause.

Damit sie nicht wieder in dieselbe Zeitnot geraten würde wie am Vortag, hatte sie sich auf dem Nachhauseweg noch schnell ein belegtes Brötchen beim Bäcker besorgt.

Sie tauschte ihre Arbeitskleidung gegen eine Jogginghose und ein bequemes Oberteil und machte es sich auf dem Sofa gemütlich.

Susanne beschloss, zuerst die Frage des Tages zu beantworten, und danach noch einen schönen Film im Abendprogramm zu genießen.

Aber bereits, als sie vor ihrer Haustür stand und die nächste Frage las, schwante ihr, dass ihre Fernsehzeit heute verschwindend gering ausfallen könnte.

Für die Frage Nr. 3 würde sie sich weitaus mehr Zeit nehmen müssen als für die Fragen der letzten Tage:

Frage Nr. 3:

Wenn alles möglich wäre, wer wärst du dann gerne? Welches Leben würdest du führen, wenn du nicht scheitern könntest? Und was würdest du tun, wenn Geld keine Rolle spielen würde?

Unter die Frage hatte Gabi noch in Klammern geschrieben:

Ich weiß, auf den ersten Blick sind das drei Fragen, liebe Susanne.

Aber zum einen weißt du ja, dass aller guten Dinge bekanntlich drei sind.

Und zum anderen ist es eigentlich tatsächlich nur eine Frage, die es hier zu klären gilt. Und diese Frage lautet:

Was will ich eigentlich im Leben?

Ich wünsche dir viel Erfolg dabei, die Antwort auf diese Frage zu finden, und bin mir sicher, dass du das schaffst!

Susanne schluckte. Da hatte sie sich etwas vorgenommen.

Sie nahm den Zettel von der Haustür ab und trug ihn mit sich ins Schlafzimmer.

Seufzend kramte sie ihren Notizblock hervor und begann zu schreiben.

Sie schrieb und schrieb und hörte nicht auf, bis sie drei DIN-A4-Seiten gefüllt und alle drei Fragen beantwortet hatte.

GLAUBENSSÄTZE

„Wenn du nicht glaubst, dass du es kannst, hast du keine Chance."

– Arsene Wenger, französischer Fußballtrainer

Die nächsten zwei Tage fühlten sich für Susanne wie ein kleiner Urlaub an.

Sie genoss es, das Leben und sich selbst im Allgemeinen nicht hinterfragen zu müssen, sondern einfach ihrem gewohnten Alltag nachzugehen, der ihr vor allem eines versprach – Sicherheit.

Auch die Lage in der Arbeit hatte sich wieder beruhigt:

Die Kollegen, die anfangs der Woche krankheitsbedingt gefehlt hatten, waren wieder genesen, und so fielen für den Einzelnen weniger Dinge an, die es zu erledigen galt.

Am Freitagabend schließlich telefonierte Susanne noch eine ganze Weile mit Noah, und auch das war – wie immer – Balsam für ihre Seele.

Sie erzählte ihm auch von ihrem Treffen mit Gabi, das am Samstag anstand.

Und sie erzählte ihm von all den Fragen, mit denen sie sich in der Vorbereitung darauf auseinandergesetzt hatte.

Zu ihrer Überraschung zeigte Noah großes Interesse an dem, was sie gerade so beschäftigte.

Er bat sie sogar, ihm einen Scan der Fragen zukommen zu lassen.

Denn auch er wusste gerade nicht so recht, in welche Bahnen er sein Leben lenken sollte, gestand er ihr vorsichtig.

Noahs Bachelorstudium neigte sich langsam dem Ende zu; darüber aber, wie es aber danach für ihn weitergehen sollte, war er sich noch völlig im Unklaren.

So offen hatte Noah das ihr gegenüber noch nie angesprochen; und Susanne war froh, dass er sich ihr nun anvertraut hatte.

Auf eine bestimmte Art und Weise hatte sie das Gefühl, dass dieses Telefonat etwas Besonderes gewesen war.

Noch nie hatte sie mit Noah so ehrlich über ihre Sorgen und Zweifel sprechen können wie heute.

Es war nicht mehr das Gespräch zwischen einer Mutter und einem Kind gewesen; vielmehr hatten sie das Gespräch zweier Erwachsener geführt – ein Gespräch auf Augenhöhe.

Susanne lächelte, obgleich sie diese Erkenntnis gleichermaßen mit Stolz und Wehmut erfüllte.

Noch am selben Abend sendete sie den Fragenkatalog an Noahs E-Mail-Adresse.

Am Samstagabend traf Gabi etwa gegen 18:00 Uhr bei Susanne ein.

Susanne hatte zuvor ein paar Snacks vorbereitet, die sie während ihrer Besprechung genießen konnten.

„Mhhhh", tönte Gabi, als sie die Wohnung betrat. „Bei dir duftet es aber!"

Susanne lachte. „Du lässt dich ja nur mit Essen bezahlen, da dachte ich, ich bereite uns eine Kleinigkeit vor."

„Das war eine super Idee; ich habe nämlich einen Bärenhunger!", freute sich Gabi.

Gabi erzählte Susanne, dass sie bereits seit 10:00 Uhr für Beratungsgespräche unterwegs war und seit dem Frühstück nichts mehr gegessen hatte.

Sie widmeten sich daher zunächst den Blätterteigtaschen und Pizzabrötchen, bevor sie auf den eigentlichen Grund ihres Treffens zu sprechen kamen.

„Wie haben dir meine Fragen denn so gefallen?", lenkte Gabi schließlich das Gespräch in die eigentliche Richtung.

Ihr Grinsen verriet Susanne, dass sie genau gewusst haben musste, wie sehr es ihre Fragen in sich hatten.

„Ich muss sagen, da hast du mich ganz schön gefordert", gab Susanne schmunzelnd zu.

„Aber irgendwie war es auch spannend, sich mit den Fragen auseinanderzusetzen. Ich habe mich ein ganzes Stück besser kennengelernt."

„Das freut mich zu hören", erwiderte Gabi. „Möchtest du deine Antworten mit mir teilen?"

„Aber klar!", gab Susanne zurück. Sie verschwand kurz ins Wohnzimmer, um ihren Notizblock herbeizuholen.

„Vorbildlich, wie ich bin, habe ich meine Hausaufgaben natürlich schriftlich erledigt", sagte sie lachend und zeigte Gabi ihre Einträge.

„Gehen wir doch einfach jede Frage der Reihe nach durch, oder?", schlug ihr Gabi vor. „Du erzählst mir als Erstes von deinen Antworten und ich erzähle dir dann, was deine Antworten über dich verraten."

Susanne lachte. „Da bin ich ja mal gespannt!"

Nachdem sie Gabi ihre Antworten auf die erste Frage vorgelesen hatte, wandte sie sich erwartungsvoll an ihre alte Freundin. „Und was kannst du daraus nun über mich schließen?", fragte sie neugierig.

„Zu allererst muss ich dich loben, Susi, das hast du wirklich ausführlich und sehr detalliert beantwortet“, sagte diese anerkennend. „Und, was deine Frage angeht:“, fuhr sie fort, „zunächst zeigen uns deine Antworten, dass du schon sehr genau weißt, was du willst – wir müssen das Bild nur noch zusammenrücken.“

„Das ist doch schonmal eine gute Nachricht“, gab Susanne zurück. „Und wie gehen wir da am besten vor?“

Gabi machte eine beschwichtigende Geste. „Lass uns erst noch die anderen Fragen durcharbeiten, bevor wir alles in einen Gesamtzusammenhang einordnen.“

Susanne stimmte ihr widerwillig zu. Am liebsten hätte sie sofort erfahren, welche weiteren Schritte Gabi an ihrer Stelle tätigen würde.

„Na gut, dann geht es also weiter mit der Frage Nr. 2“, seufzte sie und präsentierte auch ihre Gedanken, die sie zu dieser Frage schriftlich festgehalten hatte.

Während sie vorlas, erspähte sie aus dem Augenwinkel Gabi, wie sie ihr aufmerksam und stetig nickend zusah. Sie schien ihre Ausführungen gut nachvollziehen zu können. Ab und an machte sie sich zudem Notizen in einem kleinen Büchlein, das sie mitgebracht hatte.

Als sie schließlich bei der dritten Frage angelangt waren, holte Susanne etwas weiter aus: „Hier ist es mir wirklich schwergefallen, eine Antwort zu finden.“

Wieder nickte Gabi. „Das geht vielen meiner Klienten so – bzw. vor allem meinen Klientinnen", sagte sie. „Konntest du vielleicht für dich feststellen, warum dir das so schwergefallen ist?"

Susanne überlegte. „Ich glaube, dass all das, was ich dort antworten würde, so fern von meiner Realität ist, dass ich es noch nie in Erwägung gezogen habe, diese Wünsche überhaupt zu äußern. Es fühlt sich irgendwie falsch an."

„Genau das ist der Punkt", stimmte ihr Gabi zu. „Wir Frauen trauen uns oft gar nicht, groß zu träumen. Denn, wenn wir uns etwas gar nicht erst wünschen, können wir nunmal auch nicht enttäuscht werden."

Susanne musste ihr Recht geben. Vielleicht hatte sie sich tatsächlich all die Jahre mit einer mittelmäßigen Lösung zufriedengegeben, weil ihr diese zumindest eines versprach – Sicherheit.

„Als Kinder", fuhr Gabi fort, „haben wir noch ganz viele Träume und Ziele. Du erinnerst dich bestimmt noch, was du werden wolltest, als du klein warst, oder?"

Susanne lachte. „Natürlich!", gab sie zurück. „Ich wollte immer eine Fee werden, die allen schöne Dinge zaubern kann und alle Kinder glücklich macht."

„Siehst du," lachte Gabi, „das ist wirklich ein sehr extravaganter Traum, aber ich bin mir sicher, die kleine

Susi hat keine Sekunde daran gezweifelt, dass er einmal Wirklichkeit wird."

Wiederum stimmte ihr Susanne zu: „Ich hatte sogar schon einige Feenkleider in meinem alten Kinderzimmer. Alles, worauf ich noch wartete, waren meine Zauberkünste, die sich irgendwann entfalten sollten." Beim Gedanken an ihre Pläne von damals musste sie selbst schmunzeln.

„Wann hast du begonnen, zu glauben, dass aus dir einmal keine Fee werden könnte?", fragte sie Gabi ernst.

Susanne dachte nach.

„Je älter ich wurde, desto mehr war mir natürlich klar, dass es keine richtigen Feen gab. Aber ganz damit abgeschlossen habe ich glaube ich erst, als ...", sie machte eine bedeutungsschwere Pause. „als ich mein Studium abgebrochen habe." Susannes Stimme wurde leicht brüchig.

„Bis dahin habe ich geglaubt, dass man als Lehrerin auch ein bisschen so ist wie eine Fee, oder zumindest wie eine kleine Heldin. Und auch wenn das sehr pathetisch klingt, kann man zumindest den Kindern ein Lächeln ins Gesicht zaubern."

Gabi machte sich einige Notizen in ihr Büchlein.

Als sie fertig war, blickte sie zu Susanne auf und fragte sie: „Du hast also bis ins Studium hinein in gewisser Weise an deinem Traum festgehalten, stimmt´s?"

„So könnte man es sagen, ja", nickte Susanne. „Ich habe geglaubt, dass ich das irgendwie schaffen kann – eine kleine Heldin zu werden."

„Und als du das Studium abbrechen musstest", – Gabis Stimme wurde etwas leiser –, „was hast du ab diesem Zeitpunkt von dir geglaubt?"

Susanne schluckte.

Und obwohl sie es mit aller Kraft versuchte, konnte sie nicht verhindern, dass ihre Augen sich mit Tränen füllten.

„Ich habe von mir geglaubt, dass ich einfach ...", Susannes Stimme brach ab.

„Ach Gottchen, komm her", sagte Gabi beschwichtigend und umarmte sie.

Susanne schniefte. Sie konnte sich selbst nicht erklären, woher all diese Emotionen auf einmal kamen.

Als sie sich etwas beruhigt hatte, löste sie sich aus der Umarmung und putzte sich die Nase.

Sie atmete tief durch und sah Gabi mit gefasstem Gesichtsausdruck an. „Seitdem ich das Studium abgebrochen habe, dass ich es beruflich zu nichts mehr bringen kann. Es fühlt sich so an, als wäre ich karrieretechnisch gescheitert – auch wenn ich meinen Sohn über alles liebe. Und obwohl er das Beste war, was mir hätte passieren können, und ich jederzeit wieder mein Studium für ihn aufgeben würde – fühlt es sich manchmal doch so an, als wäre ich in beruflicher Hinsicht eine Versagerin."

Gabi legte ihr eine Hand auf die Schulter. „Das hat gerade sehr viel Mut gekostet, das auszusprechen, oder?"

Susanne bejahte ihre Frage. Es war ihr tatsächlich schwergefallen, sich einzugestehen, was sie von sich selbst hielt, und es auch noch einer anderen Person preiszugeben.

„Aber es ist gut, dass du es getan hast", lobte sie Gabi. „Denn, wenn wir dein Leben ein bisschen umkrempeln wollen, müssen wir zuallererst diese Überzeugung aus deinem Kopf verscheuchen."

Susanne nickte.

„Hast du schon mal etwas von einem Glaubenssatz gehört, Susi?" Gabi sah sie fragend an.

„Nein, so auf die Schnelle sagt mir das nichts", gab Susanne kopfschüttelnd zurück.

„Ein Glaubenssatz", holte Gabi aus, „ist etwas, das uns andere oder wir selbst irgendwann einmal beigebracht haben – und das wir seitdem glauben.

Das Tückische an einem Glaubenssatz ist aber, dass er sich – auch wenn er ganz und gar falsch ist – so in unser Unterbewusstsein einbrennt, dass er all unsere Gedanken beeinflusst.

Und du weißt ja: Unsere Gedanken werden zu unseren Worten ...", Gabi sah Susanne auffordernd an.

„Unsere Worte werden zu unseren Handlungen, unsere Handlungen werden zu unseren Gewohnheiten, unsere Gewohnheiten werden zu unserem Charakter und unser Charakter wird zu unserem Schicksal", vollendete Susanne das Sprichwort, das sie vor über 25 Jahren in Gabis Poesiealbum eingetragen hatte.

Susanne schüttelte ungläubig den Kopf. Dass sie sich nach aller der Zeit noch so genau an diese Worte erinnerte, überraschte sie selbst.

„Manche Dinge halten eben für die Ewigkeit", sagte Gabi grinsend und zuckte mit den Schultern.

SELBSTVERTRAUEN

„Der Erfolg beim Fußball hängt stark vom Kopf ab. Du musst daran glauben, dass du der Beste bist, und dann dafür sorgen, dass es wirklich so ist."

– Bill Shankly, ehemaliger schottischer Fußballspieler und -trainer

Nach ihrem Gespräch am Samstag hatte Gabi Susanne gebeten, bis zu ihrem nächsten Treffen wieder eine kleine Hausaufgabe zu erledigen:

Sie sollte 10 Dinge herausarbeiten, die sie richtig gut konnte. Am besten wäre es, wenn sie zu diesen Dingen konkrete Beispiele benennen könnte.

Zusätzlich hatte Gabi ihr aufgetragen, drei Personen aus ihrem engsten Umfeld darum zu bitten, dasselbe zu tun: Auch sie sollten 10 Dinge aufzählen, in denen Susanne ihrer Meinung nach einfach spitze war.

Auch Gabi selbst würde sich bis zum nächsten Treffen Gedanken über Susannes Stärken machen.

Somit hätten sie beim nächsten Mal insgesamt 50 Punkte zur Verfügung, die belegen würden, dass Susanne alles andere als eine Versagerin war –

50 Punkte, die Susanne ihr Selbstbewusstsein wieder zurückgeben konnten.

Kurz nachdem sie Gabi zur Tür gebracht und verabschiedet hatte, beschriftete Susanne bereits eine neue Seite in ihrem Notizblock:

Die Liste meiner Stärken:

Das kann ich richtig gut

1. Backen:

Beispiele:

- *Gabi konnte sich nach 25 Jahren noch an meinen Käsekuchen erinnern.*
- *Noah liebt meine selbstgebackenen Brötchen mehr als die von irgendeinem Bäcker.*
- *Mir selbst schmecken meine Sachen wirklich gut.*

Susanne war sich nicht sicher, ob Kochen und Backen als ein Aspekt zu werten wären, beschloss aber kurzerhand, diese getrennt voneineinander als jeweils ein Punkt aufzulisten.

Immerhin nahmen sowohl das Kochen als auch das Backen einen recht großen Teil ihrer Freizeit ein und hatten deshalb ihrer Meinung nach auch eine entsprechende Würdigung verdient.

2. Kochen

Beispiele:

– Selbst meine Mama sagt, dass es ihr bei mir schmeckt.

Susanne grinste. Was für fundierte Beweise sie doch heute anführte, dachte sie bei sich. Aber für sie war es tatsächlich das größte Kompliment, das es für ihre Kochkünste geben könnte. Immerhin hatte ihre Mutter vier Jahrzehnte lang als Chefin in einer Großküche gearbeitet und ihr Handwerk zuvor von der Pieke auf gelernt.

Als Susanne ihre Liste fortsetzen wollte, stockte sie.

Was gab es außer diesen zwei Dingen denn noch, das sie gut beherrschte?

Susanne dachte nach:

Sie war weder besonders sportlich noch hatte sie sonst eine außergewöhnliche Begabung.

Technisch war sie so gar nicht versiert und auch über ein handwerkliches Geschick abseits der Küche verfügte sie nicht.

Susanne überlegte weiter.

In einem ihrer Praktika während ihres Studiums hatte ihr einmal eine Lehrerin gesagt, sie könne Zusammenhänge gut erklären und vermitteln.

Und auch, wenn Susanne an Noahs Schulzeit dachte, bestätigte sich diese These: Unzählige Nachmittage hatte sie damit verbracht, gemeinsam mit Noah Eselsbrücken für seinen Lernstoff zu bauen, die stets genauso komisch wie eingängig waren.

Vor allem aber erfüllten sie ihren Zweck:

So eigenartig die Geschichten oder Buchstabenkombinationen auch waren, die sie entwarfen, so verhalfen sie Noah doch schnell zu deutlich besseren Leistungen als die konventionellen Lernmethoden, die von seinen Lehrern angeraten worden waren.

Erleichtert darüber, eine weitere Stärke gefunden zu haben, notierte Susanne den nächsten Punkt und führte darunter die Beispiele an, die ihr gerade eingefallen waren.

Susanne beschloss, es für heute damit mit der Liste zu belassen.

Es war schon 21:00 Uhr und sie wollte den Abend noch etwas dazu nutzen, an ihrem Roman weiterzulesen.

Er handelte von einer jungen Karrierefrau, die nach Jahren in der Großstadt in ihre Heimat zurückkehrte, um ihre Eltern zu pflegen.

Obwohl die Hauptdarstellerin eigentlich nichts mit dem Landleben am Hut hatte, fand sie schnell wieder Gefallen an ihrer alten Umgebung.

Und – wie der Zufall es wollte und es Susanne schon seit dem ersten Kapitel hatte kommen sehen – traf sie kurze Zeit später ihre Jugendliebe wieder, in die sie sich natürlich auf Anhieb neu verliebte.

Ach, dachte Susanne sehnsüchtig, wieso konnte das wahre Leben nicht nach einem so gleichermaßen vorhersehbaren wie kitschig-schönen Plan verlaufen?

Susanne gefiel die Idee.

Sie überlegte, wie ihr Leben wohl aussähe, wenn es derselben Feder entsprungen wäre wie dieser Liebesroman.

Vermutlich wäre sie bereits vor einigen Jahren einem gutaussehenden, charmanten und vermögenden George-Clooney-Double in die Arme gelaufen, der darüber hinaus noch ungemein gut mit Kindern umgehen könnte.

Noah hätte endlich den Vater, den er sich immer gewünscht hätte, und Susanne jemanden, mit dem sie ihre engsten Träume und Sorgen teilen könnte.

Sie würden – ganz im Rosamunde-Pilcher-Stil – in einem großen Backsteinhaus wohnen und im Sommer jeden Tag im Garten frühstücken.

Finanzielle Sorgen hätte sie keine; und so könnte Susanne täglich dem nachgehen, was sie am liebsten tat:

Ausgiebige Waldspaziergänge unternehmen, stundenlang lesen, und – ihr Blick fiel auf den Notizblock, den sie neben sich auf das Sofa gelegt hatte – für die ganze Familie kochen und backen.

Als sie mit ihrem inneren Auge den Punkt Nr. 3 auf ihrer Stärkenliste striff, ergänzte sie diesen Gedanken noch:

Abends würde sie Leuten dabei helfen, die Dinge zu lernen, die sie selbst eben am besten konnte: Sie würde Koch- und Backkurse geben.

Susanne grinste.

Die Vorstellung löste ein wohlig-warmes Gefühl in ihr aus.

Noch eine ganze Weile hing sie ihren Gedanken nach, bevor Susanne schließlich beschloss, schlafen zu gehen.

RISIKO

„Wenn ich kein Risiko eingehe, riskiere ich alles."

– Pep Guardiola, spanischer Fußballtrainer

Die nächsten Tage verbrachte Susanne damit, verzweifelt nach ihren Stärken zu suchen, während ihr Alltag in gewohnter Hektik an ihr vorbeiraste.

Zwischendurch telefonierte sie mit ihren Eltern und Noah, um von ihnen ebenfalls die 10 Punkte zu erfragen.

Am Freitagabend hatte sie alle Listen – außer ihrer eigenen – beisammen.

Beim besten Willen wollten ihr keine Punkte mehr einfallen, die sie mit auf die Liste hätte nehmen können. So sah sie dem Treffen mit Gabi, das sie für den nächsten Tag vereinbart hatten, mit einer ordentlichen Portion an schlechtem Gewissen entgegen.

Dieses Mal hatten sie ein Treffen am Vormittag verabredet und so klingelte es gegen halb elf an Susannes Tür.

Sie begrüßte Gabi und geleitete sie ins Wohnzimmer, wo sie es sich mit einer Kanne Tee und Susis selbstgebackenen Keksen gemütlich machten.

„Nun, meine Liebe, wie ist es dir ergangen?“, kam Gabi direkt zur Sache.

„Naja“, stammelte Susanne. „Wenn ich ehrlich bin, sind mir einfach keine 10 Dinge eingefallen. Nach Punkt Nr. 5 ging es nicht mehr weiter“, gab sie kleinlaut zu.

Zu ihrer Überraschung nickte ihr Gabi verständnisvoll zu:

„Das geht vielen so, wenn sie die Übung zum ersten Mal machen. Aber keine Sorge, das bekommen wir schon hin“, beschwichtigte sie Susanne. „Und wie sieht es mit den Stärken auf, die andere in dir sehen?“

„Die Listen von Mama, Papa und Noah habe ich hier“, sie kramte etwas von der Ablage unter dem Wohnzimmertisch hervor. „Ich habe sie mir noch nicht angesehen. Ich dachte, das ist schöner, wenn wir es zusammen tun.“

„Super!“, antwortete Gabi. „Ich bin nämlich schon ganz gespannt auf deine Reaktion.

Das ist in der Regel ein wirklich schönes Erlebnis.

Und natürlich habe auch ich meine Hausaufgaben gemacht“, lachte sie und öffnete die Tasche, die sie neben sich auf dem Boden abgestellt hatte.

Sie zog das Büchlein hervor, in das sie schon während ihrer letzten Gespräche das ein oder andere notiert hatte, und schlug es auf.

„Lass uns doch mit deiner Liste beginnen, Susi", schlug sie ihrer Freundin vor.

„In Ordnung", willigte Susanne ein und begann, ihre Aufzählung vorzutragen.

Nach dem Punkt Nummer 3 hielt sie kurz inne und beschloss, Gabi noch von ihrer Träumerei am Vorabend zu erzählen, die die ersten drei Aspekte ihrer Liste gewissermaßen miteinander verband.

„Weißt du, ich lese gerade an einem sehr vorhersehbaren, aber herzerwärmenden Roman", setzte sie an. „Und da habe ich mich gefragt, wie mein Leben denn so aussähe, wenn es nach den Plänen dieser augenscheinlich sehr romantisch veranlagten Autorin verlaufen wäre ..."

Gabi hörte ihr aufmerksam zu und unterbrach sie kein einziges Mal, während Susanne die Gedankenreise, auf die sie sich am gestrigen Tag unmerklich begeben hatte, mit ihr teilte.

Als Susanne mit ihrer kleinen Erzählung fertig war, klatschte Gabi begeistert in die Hände. „Das ist ja großartig", rief sie Susanne aufgeregt zu. „Weißt du, was da gerade passiert ist?"

Susanne war etwas verwirrt wegen der überschwänglichen Reaktion ihrer Freundin. Sie schüttelte langsam den Kopf und sah Gabi fragend an: „Naja, ich habe eben ein bisschen geträumt?"

„Nein", erwiderte Gabi entschlossen und lachte. „Du hast dich endlich getraut, auszusprechen, was du wirklich vom Leben willst. Du hast das Leben deiner Träume visualisiert. Das ist ein sehr, sehr großer Schritt, meine Liebe!"

So hatte Susanne das Ganze bisher nicht betrachtet. „Das war doch aber nur eine romantische Träumerei ...", gab sie verunsichert zurück. „Ich wollte damit ja nicht sagen, dass ich tatsächlich so ein Leben führen will."

„Das heißt", antwortete Gabi und zog zweifelnd eine Augenbraue hoch, „wenn ich dir sagen würde, dass es möglich ist, dieses Leben zu führen, würdest du dankend ablehnen?"

Susanne grinste. „Naja, das nun auch wieder nicht. Aber ich bezweifle einfach, dass es überhaupt möglich ist. Ich meine, wer bin ich schon, dass mir so etwas passieren würde ..."

„Da hast du vollkommen Recht", sagte Gabi. „PASSIEREN wird es dir vermutlich nicht." Sie sah Susanne auffordernd an. „Aber lies doch deine drei Stärken noch einmal vor, die du mir gerade vorgetragen hast."

Wiederum sah Susanne sie fragend an.

„So ein Leben, das du dir ausgemalt hast, passiert nicht einfach, meine Liebe", entgegnete ihr Gabi. „So ein Leben musst du dir selbst erschaffen.

Denn die Autorin, die deinen schönen Roman geschrieben hat", – Gabi machte eine bedeutungsschwere Pause, – „die musst du in deinem eigenen Leben schon selbst sein."

Begeistert fuhr sie fort:

„Die Stärken, die du gerade vorgelesen hast, sind der Beweis dafür, dass du es schaffen kannst. Und hier", – sie zeigte auf die Listen von Susannes Eltern und Noah, und deutete auch auf ihr eigenes Büchlein –, „warten noch Dutzende weitere, die Dasselbe beweisen."

Langsam begannen sich die Puzzleteile in Susannes Kopf, zu einem großen Gesamtbild zusammenzufügen:

Das war es also, was Gabi mit all den Hausaufgaben, die sie ihr in den letzten Wochen aufgegeben hatte, bezwecken wollte.

Dass sie gestern beim Lesen in ihre eigene Traumwelt abgetaucht war, war kein Zufall gewesen.

Es war das Ergebnis der Fragen, die sie zu sich selbst gestellt hatte, die Summe der Gedanken, die sie zu ihrer eigenen Person gemacht hatte:

Hätte sie sich in der letzten Woche nicht so intensiv damit beschäftigt, was sie glücklich macht und was sie am allerliebsten tun würde, dann hätten ihre

Träume vermutlich deutlich blasser und weniger spektakulär ausgesehen.

Gabi hatte mit ihren Fragen etwas in ihr losgetreten, das nicht mehr rückgängig gemacht werden konnte – das wurde Susanne in diesem Moment bewusst.

Und mit der langen Liste an Stärken, die nun – feinsäuberlich notiert – vor ihr lag, hatte sie ihr die Beweise dafür geliefert, dass aus ihrem Traum auch Realität werden konnte.

„Ich glaube, das muss ich alles erst einmal verarbeiten." – Susanne sah Gabi überwältigt an. Es fühlte sich so an, als wäre gerade irgendetwas in ihr wiedergekehrt, das sie vor langer Zeit verloren hatte.

Gabi grinste nur: „Wir haben alle Zeit der Welt, Susi", antwortete sie und lehnte sich zurück. „Ich habe heute keine Termine mehr. Wenn du möchtest, können wir gerne eine Runde spazieren gehen und das Ganze etwas sacken lassen. Und dann sehen wir uns die Beweisstücke an, die deine Liebsten für dich gesammelt haben – in Ordnung?"

„Das klingt großartig", entgegenete Susi.

Sie streckte sich, stand auf und beschloss, sich für den Spaziergang noch kurz umzuziehen.

Auch für Gabi suchte sie noch ein paar wetterfeste Klamotten heraus, denn draußen schien sich gerade eine dicke Wolke vor die Sonne zu schieben.

Nachdem sich auch ihre Freundin in die regentauglichen Kleider geworfen hatte, machten sie sich auf den Weg in Richtung Wald: Susanne wollte Gabi den schönen, idyllischen Waldwanderweg zeigen, an dem sie sich bei ihren Spaziergängen in der Regel orientierte.

Und obwohl es nicht lange dauerte, bis der Regen über sie hereinbrach, hörte die Sonne in Susannes Herzen nicht auf, zu strahlen.

Erst zwei Stunden später kehrten sie von ihrer kleinen Wanderung zurück.

Triefend nass, aber immer noch beseelt, sperrte Susanne die Haustür auf.

Schnell schlüpften sie wieder in trockene Klamotten; und weil beiden schon der Magen knurrte, beschloss Susanne, eine Kleinigkeit zu kochen.

Sie hatte nicht mehr viel zu Hause, aber für eine gute Carbonara reichte es allemal.

Dazu kochte sie noch die Spaghetti ab, die sie vor ein paar Tagen aus dem Lebensmittelladen, in dem sie arbeitete, mitgenommen hatte: Wenn eine Ware kurz vor dem Mindesthaltbarkeitsdatum stand, gab sie ihr Chef gerne kostenlos an seine Mitarbeiter ab.

Jedenfalls schmeckte man den Spaghetti ihr Alter kaum an, und auch Gabi zeigte abermals große Bewunderung für Susannes Kochkünste: „Also, die erste Kundin für deinen Kochkurs sitzt schon vor dir", sagte sie und sah ihre Freundin begeistert an.

Nach dem Essen beschlossen sie schließlich, mit der „Beweisaufnahme", wie Gabriele sie nannte, fortzufahren.

Zunächst standen noch die zwei Punkte von Susannes eigener Liste aus, die sie noch nicht vorgelesen hatte.

„Ich kann gut im Team arbeiten", trug Susanne ihre vierte Stärke vor und nannte dazu einige Beispiele aus ihrem Arbeitsleben.

„Das ist eine sehr wertvolle Stärke", lobte sie Gabi. „Und sie wird dir sehr dabei helfen, deine Zukunftspläne zu realisieren."

Susanne nickte und fuhr fort: „Als fünften Punkt habe ich aufgeschrieben, dass ich ein Mensch bin, der nicht so schnell aufgibt. Ich meine, ich habe auch Noah komplett allein erzogen. Ich weiß, was es heißt, auch in schwierigen Zeiten zu kämpfen."

„Super!", entgegnete Gabi. „Na also – da siehst du es doch: In dir steckt so viel Potential, Susanne! Wenn du es nicht schaffen kannst, dir das Leben aufzubauen, das du dir wünschst, wer dann?"

Susanne lächelte ihre Freundin dankbar an. „Sollen wir dann mit den Listen von meinen Eltern weitermachen?“, schlug sie vor und kramte die Schreiben, die ihr ihre Eltern überreicht hatten, hervor.

Gabi nickte. „Sehr gerne, ich bin schon mega gespannt.“

Susanne begann, zu lesen. Und es war ihr fast ein bisschen unangenehm, die beträchtliche Litanei an Komplimenten laut auszusprechen:

„Ich bin es nicht gewohnt, so viel Zuspruch auf einmal zu erhalten“, gestand sie Gabi. „Ich fühle mich ein bisschen wie der Lobredner meiner eigenen Laudatio.“ Sie lachte.

„Wäre es dir lieber, wenn ich weiterlese?“, fragte Gabi verständnisvoll.

Dankbar nahm Susanne ihren Vorschlag an: „Ich glaube, das wäre eine gute Idee“, sagte sie und reichte Gabi die Listen.

Bestimmt eine ganze Stunde lang saßen sie da und Gabi las Susanne vor, was die Personen, die ihr auf dieser Welt am meisten bedeuteten, in ihr sahen.

Mehr als einmal legten sie eine kurze Pause ein, damit Susanne die kleinen Freudentränchen, die sich unweigerlich auf den Weg machten, abwischen oder ihre Nase putzen konnte.

Für sie war es das Schönste, was sie seit langem gehört und erlebt hatte.

„Und immer, wenn du an dir zweifelst“, sagte Gabi, nachdem sie alle Punkte vorgelesen und die Zettel wieder zusammengefaltet hatte, „dann hol dir diese Listen hervor. Lies dir ein paar Nummern durch und du wirst sehen, wozu du imstande bist.“

Susanne nahm sich fest vor, ihren Vorschlag umzusetzen. Sie legte die Listen in die oberste Schublade ihres Nachttischkästchens, um sie jederzeit griffbereit zu haben.

AUSDAUER

„Erfolg ist kein Zufall. Es ist harte Arbeit, Ausdauer, Lernen, Studieren, Aufopferung, jedoch vor allem Liebe zu dem, was du tust oder dabei bist zu lernen."

– Pele, ehemaliger brasilianischer Fußballspieler

In den nächsten Monaten verging keine Woche, in der Susanne nicht die Listen aus der Schublade genommen und darin gelesen hätte.

Es verging kein Tag, an dem ihr nicht Zweifel daran kamen, ob sie auch nur eine Sache von den Dingen, die sie sich in den Kopf gesetzt hatte, jemals erreichen würde.

Das Entscheidende aber war, dass sie diesen Zweifeln nicht mehr nachgab. Sie besonn sich auf die Stärken, die sie vorzuweisen hatte; und sie erweiterte ihre Liste stetig.

Bald hatte sie ein ganzes Geheft an Beweisen dafür gesammelt, dass sie alles schaffen konnte, wenn sie nur an sich glaubte.

Es war an ihrem 51. Geburtstag, als sie sich daran erinnerte, wie alles begonnen hatte: Vor ihrem inneren Auge sah sie sich selbst, wie sie am Vorabend ihres 50. Geburtstags sentimental auf ihrem Sofa saß und in Erinnerungen schwelgte.

Sie erinnerte sich an das Abendessen mit ihren Eltern und das Geschenk, das sie ihr überreichten.

Und als ihr klar wurde, wie sehr dieser Brief, den ihr ihre Eltern damals zurückgegeben hatten, ihr Leben verändert hatte, kam Susanne eine Idee:

In den letzten 25 Jahren hatte sie sich der jungen Susi, die gerade in eine neue Stadt gezogen war und ihren Eltern in jenem Brief begeistert von ihren Träumen erzählte, noch nie so nahe gefühlt wie heute.

Sie beschloss daher, ihren Eltern heute wieder einen Brief zu schreiben – einen Brief, in dem sie ihnen die Ereignisse der letzten Wochen und Monate schildern würde, die sie so bereichert hatten.

Vor allem aber beschloss sie, diesen Brief zu schreiben, um sich bei ihren Eltern zu bedanken. Denn ohne sie und das Geschenk, das sie ihr vor einem Jahr überreicht hatten, säße sie heute wieder auf dem Sofa, würde melancholisch in alten Fotoalben blättern und sich traurig fragen, warum all die schönen Tage schon so lange zurücklägen.

Susanne kramte ihren geliebten alten Notizblock hervor und begann, zu schreiben:

Liebe Mama, lieber Papa,

es ist lange her, dass ich Euch das letzte Mal einen Brief geschrieben habe.

Aber heute fühlt es sich richtig an.

Ein paar Dinge, die ich Euch hier erzählen werde, sind Euch schon bekannt; andere wiederum dürften vollkommen neu für Euch sein.

Wie Ihr bestimmt noch wisst, habe ich vor ein paar Monaten beschlossen, eine Kochschule zu gründen – Susis Küchenzauber. (Mit Sicherheit erinnert Ihr Euch noch an meinen Berufswunsch als Kind und könnt Euch denken, wie es zu dem Namen gekommen ist.)

Seitdem ist viel passiert:

Zuerst habe ich mit Noah unsere alte Dachgeschosswohnung zu einem schönen Küchenstudio umgebaut, in dem ich meine Kurse nun abhalten kann.

Ich selbst bin nun in Eure alte Wohnung im Erdgeschoss gezogen. Dabei haben wir die Außenwand des Hauses noch mit einer schönen Backsteinfassade versehen, wie es in den Rosamunde-Pilcher-Filmen so üblich ist.

Euer Enkel hat bei dem Umbau eine ungeahnte Liebe für Restaurationsarbeiten entdeckt und beschlossen, noch einmal zu studieren. Er wird im Herbst ein Architekturstudium in Berlin beginnen und wir sind uns alle einig, dass das viel besser zu ihm passt als sein erster Studiengang.

Wie dem auch sei; das Küchenstudio ist wirklich fantastisch geworden. Ihr würdet es kaum wiedererkennen.

Überall stehen Kameras und Filmmaterial, mit dem ich meine Online-Workshops durchführe.

So können Menschen aus aller Welt an meinen Kursen teilnehmen. Ihr glaubt gar nicht, wie viele Gerichte ich seitdem neu kennengelernt habe.

Ich handhabe es nämlich so, dass nicht ich festlege, was in den Koch- oder Backstunden zubereitet wird.

Stattdessen darf sich jeder Teilnehmer ein Gericht von der Küchenfee (na, wer wird das wohl sein?) wünschen, das dann mit in den Kurs aufgenommen wird.

So koche ich mit meinen vier bis fünf Schülern, die ich pro Kurs betreue, immer ein ordentliches Mehr-Gänge-Menü.

Ab und an gebe ich auch Kurse, die nicht im Internet stattfinden:

Ich besuche zum Beispiel Schulen und bereite dort mit den Kindern etwas Leckeres zu.

Daneben veranstalte ich einmal in der Woche mit meinem ehmaligen Chef eine Aktions-Kochstunde in dem Lebensmittelladen, in dem ich lange gearbeitet habe: Die Kunden sehen hier direkt, welche Gerichte sie aus den Produkten, die sie kaufen, kreieren können.

Liebe Mama, lieber Papa,

als Ihr mir genau heute vor einem Jahr meinen alten Brief überreicht habt, hätte ich niemals gedacht, dass mein Leben einmal so aussehen würde.

Und ich bin Euch so unendlich dankbar dafür, dass Ihr mir die Augen geöffnet habt für die Person, die ich einmal war und mir lange Zeit verboten habe, zu sein.

Ich bin unfassbar glücklich und habe mich noch nie so sehr im Reinen mit mir gefühlt wie jetzt.

Und trotzdem würde ich alles dafür geben, Euch heute Abend wieder zum Essen hier zu haben.

Zur Feier des Tages koche ich dasselbe Menü, das es auch im letzten Jahr gegeben hat – und wieder koche ich es für drei Personen: Noah wird zum ersten Mal seine Freundin mit nach Hause bringen, und ich bin schon ganz aufgeregt, sie kennenzulernen.

Am Samstag veranstalte ich dann – ebenfalls wie letztes Jahr – einen Brunch hier in der Wohnung.

Dieses Mal wird meine alte, neue Freundin Gabi vorbeikommen und daneben noch ein paar andere Freundinnen, die ich über meine Arbeit an den Schulen kennengelernt habe.

Und Mama, weil es Dir gerade bestimmt schon auf der Zunge liegt, danach zu fragen – in etwa zehn Minuten sollte noch ein ehemaliger Kursteilnehmer eintreffen, der mir sogar einen Geburtstagskuchen gebacken hat.

Ich bin mir sicher, Ihr würdet ihn genauso mögen wie ich.

Es fällt mir schwer, die richtigen Worte zu finden, um diesen Brief zu beenden.

Aber ich denke, an dieser Stelle passen die Worte ganz gut, die ich auch in meinem alten Brief verwendet habe:

Ich hoffe auf jeden Fall, dass bei Euch auch alles gut ist.

Ich freue mich schon sehr, Euch wiederzusehen!

Bis ganz bald

Eure Susi

Susanne legte den Stift zur Seite. Sie faltete den Brief feinsäuberlich zusammen und steckte ihn in ein Kuvert.

Als sie sich auf den Weg zum Friedhof machte, fühlte sich ihr Herz so schwer an, das sie es kaum ertragen konnte.

Und doch war es gefüllt mit so viel Dankbarkeit und Liebe, wie sie selten in ihrem Leben empfunden hatte.

Trainingslager

DIE AUSGANGSLAGE

Auf den ersten Blick haben die fünfzigjährige Susanne und der Fußball keinerlei Berührungspunkte:

Susanne ist weder besonders sportlich noch verfolgt sie die Bundesliga.

Sieht man aber genauer hin, fällt auf, dass Susannes Leben derselben Reise gleicht, die ein Sportler während seiner Karriere durchläuft:

Es gibt Phasen, in denen sie top in Form ist und in denen ihr alles, was sie sich wünscht, auch zu gelingen scheint.

Und es gibt Phasen, in denen sie nur geschwächt von der Ersatzbank auf das Spiel blickt, das andere statt ihr spielen. Was aber die größte Gemeinsamkeit ist, die Susanne mit einem erfolgreichen Fußballspieler verbindet, ist der Schlüssel dazu, im Sport oder im Leben erfolgreich zu sein:

Sowohl Susanne als auch ein Sportler, der langfristig auf einem hohen Niveau spielen möchte, begreifen im Laufe der Zeit eine entscheidende Tatsache:

Gewinnen ist Kopfsache.

Die Einstellung, mit der wir unser Training absolvieren – die Haltung, mit der wir uns selbst zu Höchstleistungen motivieren –, sie entscheidet letztendlich darüber, ob wir zu denen gehören, die vom Spielrand aus zusehen, oder zu denen, die die Tore schießen.

Damit du dich zu Letzteren zählen kannst, gebe ich dir in den nachfolgenden Kapiteln konkrete Tipps mit an die Hand, die dir dabei helfen, das Maximale aus diesem Buch für dich herauszuholen.

Es sind kleine Übungen und Hilfestellungen, mit denen es dir gelingen wird, sie gewinnbringend in dein eigenes Leben zu übertragen.

DIE SPIELSITUATION

Bevor man darüber nachdenkt, seine Spielweise zu ändern, macht es im Sport wie im Leben Sinn, sich zunächst eingehend mit dem bisherigen Spielverlauf auseinanderzusetzen.

Wir werden deshalb zuallererst die erste Halbzeit von Susannes Spiel analysieren. Und auch du bist herzlich dazu eingeladen, dein bisheriges Leben einmal in aller Kürze Revue passieren zu lassen.

Die erste Hälfte von Susannes Match ist nicht so verlaufen, wie sie es sich einmal erträumt hat:

Statt einem erfüllenden Beruf und einer heilen Familie mit Mann und Kind arbeitet sie in einem Job, der ihr nichts bedeutet, und ist seit der Geburt ihres Sohnes auf sich allein gestellt.

Lange versucht sie, sich mit den neuen Umständen anzpassen, aber irgendwie scheint es nicht zu funktionieren:

Mit der Spiel- bzw. Lebensweise, die sie sich zurechtgelegt hat, gelingt es ihr einfach nicht, ein Tor zu schießen bzw. glücklich zu werden – denn das ist ja letztendlich das Ziel des Spiels, das wir Leben nennen.

Mit Beginn der fünfzigsten Spielminute – kurz nach der Halbzeitpause – erhält Susanne von verschiedenen Personen Bälle zugespielt, und auch sie selbst kann sich einige gute Gelegenheiten erspielen:

Da sind zum einen ihre Eltern, die sie mit ihrem Geburtstagsgeschenk daran erinnern, wer sie einmal war und wer sie einmal werden wollte.

Susanne beginnt darauf, sich selbst und die eigene Spielweise intensiv zu hinterfragen.

Sie passt den Ball ihrer alten Freundin Gabi zu, die ihr daraufhin durch Fragen und Denkanstöße hilft, wieder zurück ins Spiel zu finden.

Daraufhin scheint Susanne wie ausgewechselt, und letztendlich gelingt es ihr, das Spiel für sich zu entscheiden.

Wir sehen also: Das Leben ist – genau wie der Fußball – ein Mannschaftssport. Es kann entscheidend für unseren Erfolg sein, uns die Unterstützung von Freunden, Familie, Gleichgesinnten oder auch von Coaches bzw. Mentaltrainern einzuholen.

Das Beispiel der Zusammenarbeit von Susanne und ihrer ehemaligen Studienkollegin Gabi, die nun psychologische Beraterin ist, zeigt, wie positiv sich eine professionelle Beratung auswirken kann:

Eine außenstehende, unvoreingenommene Person hilft uns dabei, unser Leben aus der Vogelperspektive zu betrachten und unsere Entscheidungen sachlich, aber konstruktiv zu hinterfragen.

Was in der Erzählung nur angeschnitten wird, aber hier noch einmal betont werden soll, ist dabei, dass auch sie im Laufe des Spiels nicht alle Chancen verwertet hat.

Auch Susanne ist auf ihrem Weg zu ihrem großen Traum der eigenen Koch- bzw. Backschule das ein oder andere Mal hingefallen:

Sie wurde gefoult, hat an sich gezweifelt – aber am Ende nicht aufgegeben.

Denn ganz egal ob es die Schwierigkeiten beim Umbau waren oder der Wasserrohrbruch kurz vor ihrer Eröffnungsfeier – Susanne hatte stets ihr Ziel vor Augen und sich durch keinen Rückschlag von diesem Ziel abbringen lassen.

Und das ist wahrscheinlich das, was der Fußball uns allen lehren kann:

Ganz egal wie aussichtslos ein Spiel scheint, ganz egal wie stark dein Gegner ist:

Das Spiel hat 90 Minuten.

Und bevor diese 90 Minuten nicht abgelaufen sind, ist es nicht zu spät, den Spielstand noch zu seinem Vorteil zu wenden.

Auch Susanne nutzt die Halbzeitpause ihres Lebens dafür, dieses komplett neu auszurichten – und ist damit am Ende mehr als glücklich.

GEWINNSTRATEGIEN

Wollen wir uns der Frage nähern, wie es gelingen kann, ein Spiel zu gewinnen, so müssen wir zunächst für uns definieren, wie ein Sieg konkret aussieht:

Welche Tore wollen wir schießen?

Welche Titel streben wir an?

Welche Ziele möchten wir im Leben erreichen?

Zu welchem Zeitpunkt im Spiel möchten wir welchen Spielstand erzielt haben?

Das alles sind Überlegungen, die auf eine große Frage abzielen: Was wollen wir wirklich im Leben?

Auch Susanne fällt es zunächst schwer, eine Antwort auf diese Frage zu finden.

Der Schlüssel dazu liegt in ihrem Fall und generell zumeist darin, sich Zeit zu geben – und sich zu erlauben, groß zu träumen.

Wenn wir einmal den Mut haben, uns alles vorzunehmen, was wir möchten, ganz egal wie fern es unserer jeweiligen Realität zu sein scheint, dann sind wir auf dem richtigen Weg.

Dabei kann es ratsam sein, schrittweise vorzugehen, wie es auch Susanne getan hat:

Der erste Schritt ist dabei, das eigene Leben intensiv zu reflektieren:

Hier sind wir dazu angehalten, uns und unser bisheriges Spiel ehrlich zu hinterfragen, wie es im vorangegangenen Kapitel bereits eingehend erörtert wurde.

Darauf aufbauend lassen sich nun die Punkte herausfiltern, die wir bereits sehr positiv bewerten, und die Aspekte unseres Lebens, die wir gerne noch optimieren möchten.

Wie in Susannes Fall kann es dabei auch uns helfen, die Dinge herauszuarbeiten, die uns so richtig glücklich machen. Anschließend gilt es dann, zu hinterfragen, ob diese Dinge den Platz in unserem Leben einnehmen, den sie unserer Meinung nach verdient haben.

Im zweiten Schritt sollten wir uns mit der Frage auseinandersetzen, wie wir uns das perfekte Spiel konkret vorstellen: Wie soll das Leben unserer Träume aussehen?

Kurz gesagt: Wir sollten den Roman, den wir gerne über unser Leben lesen würden, selbst zu Papier bringen.

Ob es sich dabei um einen spannenden Abenteuerroman oder eine vorhersehbare Romanze im Rosamunde-Pilcher-Stil handelt, ist dabei völlig egal.

Worauf es ankommt, ist, dass uns die Geschichte überzeugt – niemandem sonst muss sie gefallen.

Das Einzige, was im Hinblick auf die Fairness unseres Spiels beachtet werden muss, ist, dass dabei keine andere Person gefoult wird oder zu Schaden kommt. Oder anders formuliert: Mit dem Schreiben eines Krimis sollte Vorsicht geboten sein!

Auch **der dritte Schritt** ist maßgeblich für Susannes letztendlichen Erfolg, wurde aber in der Erzählung nicht explizit erwähnt:

Nun gilt es, unseren Plan vom perfekten Spiel von der Taktiktafel auch auf das Spielfeld zu bringen:

Es ist an uns, unsere Träume aus dem zweiten Schritt in konkrete Ziele umzuwandeln.

Ein Ziel unterscheidet sich von einem Traum, weil es **s**pezifisch, **m**essbar, **a**ttraktiv, **r**ealistisch und **t**erminiert, also kurz smart, ist.

Spezifisch ist ein Ziel dann, wenn es konkret formuliert ist. Wenn es unser Traum ist, reich zu werden, dann könnte das zugehörige Ziel beispielsweise lauten: Bis zu meinem 45. Geburtstag möchte über ein Gesamtvermögen von 500.000,00 Euro verfügen.

Dieses Ziel ist nun auch **messbar**, da wir an unserem 45. Geburtstag genau überprüfen können, ob wir dieses Ziel erreicht haben oder nicht.

Da wir das Ziel von der Vision ableiten, die wir für unser Leben haben, ist es für uns in der Konsequenz auch **attraktiv**.

Die oben genannte Zielformulierung bietet ein gutes Beispiel dafür, wie ein **terminiert**es Ziel gestaltet werden kann: Wir sollten auf ein konkretes Datum hinarbeiten, an dem wir unsere Zielerreichung überprüfen können.

Der kritischste Punkt an der SMART-Formel ist der Anspruch, dass ein Ziel auch **realistisch** sein sollte:

Denn was für den Einzelnen von uns realistisch zu sein scheint und was nicht, ist nicht in erster Linie eine Frage des Talents, der individuellen Qualifikation oder der finanziellen Mittel, sondern vor allem eine Frage des Mindsets.

Ich empfehle daher, bei der Frage, ob das formulierte Ziel realistisch ist, nicht zu überprüfen, ob das Ziel überhaupt erreicht werden kann. Denn ich bin fest davon überzeugt, dass wir die Dinge, die wir im Leben erreichen möchten, zu 99 Prozent auch schaffen können.

Was es aber durchaus zu prüfen gilt, ist der zeitliche Rahmen, den wir uns dafür einräumen:

Wenn ich an meinem 45. Geburtstag über ein Gesamtvermögen von 500.000,00 Euro verfügen möchte, macht es einen Unterschied, ob ich aktuell 25 Jahre alt bin und schon etwas angespart habe oder ob ich 44 Jahre alt bin und hochverschuldet.

Der zeitliche Horizont, in dem wir unsere Ziele erreichen möchten, sollte daher nicht vollkommen unrealistisch, gerne aber anspruchsvoll und somit motivierend sein.

Auch **der vierte Schritt** auf dem Weg zum Erfolg ist zwischen Susannes Gespräch mit Gabi über ihre Vision und dem Brief, den Susanne an ihre Eltern schreibt, geschehen:

Nun gilt es, unsere Taktik in verschiedene Spielsituationen zu untergliedern:

Erst wenn es uns gelingt, unsere Lebensziele in Etappenziele herunterzubrechen, können wir die nächsten Schritte angehen.

Je nachdem, wie langfristig ein Ziel formuliert ist, bieten sich dafür jahre-, monats- oder wochenweise Ziele an, die – wie auch das übergeordnete Ziel – smart formuliert sein sollten.

Im fünften Schritt heißt es dann: loslegen und dranbleiben

Wenn wir nur von einem anderen Leben träumen, ohne etwas zu tun, wird sich nichts verändern. Es ist allein an uns, die kleinen Meilensteine, die wir im vierten Schritt herausgearbeitet haben, Stück für

Stück abzuarbeiten und somit langfristig unserem großen Ziel näherzukommen.

Entscheidend dabei ist es, nicht aufzugeben, wenn wir gefoult werden oder ein Gegentor kassieren – der Sieg wird uns am Ende dafür entlohnen.

Konkrete Tipps, wie es uns gelingt, am Ball zu bleiben, enthalten die nachfolgenden beiden Kapitel.

TRAININGSTIPPS

DAS MINDSET TRAINIEREN

Das wichtigste Training ist das Training unseres Mindsets. Denn, wenn wir nicht an unseren eigenen Erfolg glauben, trauen wir uns aller Wahrscheinlichkeit gar nicht erst, groß zu träumen – oder geben spätestens nach dem ersten Rückschlag auf.

Es ist daher essenziell für unseren Spielerfolg, dass wir unser Selbstvertrauen stärken.

Dafür stehen uns verschiedene Methoden zur Verfügung, die am besten parallel verwendet werden:

Wie auch Susi sollten wir, gerade in der Anfangsphase, unsere eigenen Stärken herausarbeiten und Beweise für sie sammeln: Unser Selbstwertgefühl profitiert ungemein davon, wenn wir uns einmal grundlegend mit unseren eigenen Vorzügen und Fähigkeiten auseinandersetzen.

Natürlich können wir zu unserer Unterstützung hier auch das eigene Umfeld zu Rate ziehen und unsere Liebsten darum bitten, eine Liste mit all den Dingen anzufertigen, die sie an uns schätzen. Im Gegenzug bietet es sich an, dass wir auch umgekehrt unseren engsten Freunden und unserer Familie regelmäßig eine Rückmeldung darüber geben, was sie gut gemacht haben und wofür wir ihnen dankbar sind – das stärkt nicht nur ihr Selbstwertgefühl, sondern auch unsere Beziehungen zu ihnen.

Damit wir nicht vergessen, auch uns selbst dafür zu loben, was uns gut gelungen ist, empfiehlt sich hier das Führen eines Erfolgstagebuchs:

Dadurch, dass wir täglich Beweise für unsere Stärken sammeln, machen wir uns immer wieder aufs Neue bewusst, dass wir alles erreichen können – wenn wir nur fest an uns glauben.

Denn die Grenzen für das, was in unserem Leben möglich ist, bestehen nur in unseren Köpfen.

Oftmals rühren diese limitierenden Glaubenssätze und Selbstzweifel, die wir in uns tragen, von einem negativen Ereignis aus der Vergangenheit her. Wenn es uns nicht gelingt, dieses selbst zu bestimmen und zu verarbeiten, kann es auch an dieser Stelle ratsam sein, sich einer außenstehenden dritten Person anzuvertrauen.

Denjenigen, die sich zunächst ohne Hilfe mit diesem Thema auseinandersetzen möchten, kann ich an dieser Stelle nur das Buch „Das Kind in dir muss Heimat finden“ von Susanne Stahl ans Herz legen:

Hier werden negative Muster und Glaubenssätze, die in der Kindheit entstanden sind, ausführlich untersucht und Schritt für Schritt aufgelöst.

DIE KÖRPERLICHE VERFASSUNG

Neben einem trainierten Geist ist es natürlich auch wichtig, unseren Körper optimal auf das Spiel vorzubereiten:

Je gesünder und ausgeglichener wir sind, desto schneller können wir laufen und desto weniger Verletzungspausen haben wir zu verzeichnen.

Ein Ernährungs- und Lebenstil, der unsere Gesundheit fördert und mit dem wir uns rundum wohlfühlen, sollte daher unser Ziel sein.

Mit einer gesunden Ernährung und einem regelmäßigen moderaten Sport tun wir uns selbst etwas Gutes.

Das wiederum wird sich in der Konsequenz auch förderlich auf unser Selbstvertrauen auswirken und damit langfristig unser Mindset positiv beeinflussen.

RAUS AUS DER KOMFORTZONE

Das, was uns am meisten davon abhält, das Leben unserer Träume zu führen, ist eine einfache wie problematische Tatsache:
Es liegt oftmals außerhalb unserer Komfortzone.

Daher ist es mit einem hohen Maß an Überwindung verbunden, uns zunächst einzugestehen, was wir wirklich im Leben wollen, und es dann auch in die Tat umzusetzen.

Um uns diesen Schritt etwas leichter zu machen, kann es hilfreich sein, regelmäßig unseren Bequemlichkeitsbereich zu verlassen:

Je öfter wir etwas tun, das sich außerhalb unserer üblichen Gewohnheiten bewegt, desto schneller werden wir erkennen, dass wir dafür am Ende sogar belohnt werden:

Mit jedem neuen Weg, den wir gehen, und mit jeder Sache, die wir zum ersten Mal in unserem Leben tun, wächst unser Selbstvertrauen – und damit unsere Grundlage für das Leben, das wir uns wünschen.

DEN ERFOLG ZUR ROUTINE MACHEN

Je öfter wir unsere gewohnten Pfade dabei verlassen, desto leichter wird es uns beim nächsten Mal fallen, aus unserer Komfortzone herauszutreten.

Und so ist es schließlich mit allen Dingen, die es auf dem Weg zu unserem Ziel zu bewerkstelligen gilt:

Je öfter wir etwas tun, desto leichter wird es beim nächsten Mal fallen.

Ganz egal ob es das Erfolgstagebuch ist, das wir gerne führen möchten, oder die Englischvokabeln, die wir für unser Traumstudium lernen müssen:

Wenn wir eine Routine für unsere Vorhaben entwickeln, müssen wir nicht jedes Mal mit uns selbst darüber diskutieren, ob wir Lust dazu haben oder nicht:

Wir entscheiden uns auch nicht jeden Abend neu dafür, ob wir heute Lust haben, die Zähne zu putzen oder das Essen doch lieber mit einem großen Schluck Kellerbier herunterzuspülen.

Denn vor vielen Jahren haben uns unsere Eltern beigebracht, dass vor dem Schlafengehen die Zähne geputzt werden, und so erledigen wir diesen Schritt bereits seit Jahrzehnten beinahe automatisch.

Wenn es uns nun gelingt, für die Dinge, die uns wichtig sind, eine ähnliche Routine zu etablieren, dann werden die kleinen Schritte zum Erfolg irgendwann zur Gewohnheit.

Es wäre daher beispielsweise förderlich, festzulegen:

„Jeden Tag, wenn ich mit dem Abendessen fertig bin, schreibe ich drei Dinge auf, die an diesem Tag gut gelaufen sind."

Weniger erfolgsversprechend wäre dagegen folgender Vorsatz:

„Morgen fange ich an, ein Erfolgstagebuch zu führen."

Warum? Weil aus dem „Morgen" erfahrungsgemäß selten ein „Heute" wird.

Je genauer wir festlegen, wann wir etwas tun möchten, desto höher ist die Wahrscheinlichkeit, dass wir es letztendlich auch tun.

Wie das erste Beispiel zeigt, sind dabei vor allem Wenn-Dann-Formeln sehr hilfreich:

„**Wenn** ich mit dem Abendessen fertig bin, **dann** schreibe ich drei Dinge auf, die an diesem Tag gut gelaufen sind."

Irgendwann nämlich werden wir nach dem Abendessen ganz automatisch aufstehen, uns an den Schreibtisch setzen und in unser Erfolgstagebuch schreiben – ganz genauso, wie wir vor dem Schlafengehen automatisch ins Bad gehen und uns unsere Zähne putzen.

Auch positives Denken kann übrigens zur Routine werden:

„Wenn ich einen negativen Gedanken über mich habe, hinterfrage ich zuerst, woher er kommt, und glaube ihn nicht sofort."

Oder:

„Wenn ich an mir zweifle, sehe ich mir meine Stärkenliste an und überzeuge mich davon, dass ich alles schaffen kann."

LAST BUT NOT LEAST: TIPPS FÜR DIE RICHTIGE AUFSTELLUNG

Letztlich bleibt noch die Aufstellung zu hinterfragen, mit der wir im Begriff sind, unser Spiel zu bestreiten:

Wie wir bereits wissen, ist nicht nur der Fußball ein Mannschaftssport – auch das Leben ist es.

Unser Umfeld entscheidet letztendlich darüber, in welche Richtung wir unser Leben lenken.

Wenn wir uns mit ambitionierten und motivierten Mitspielern umgeben, so wirkt sich deren Energie unweigerlich auch positiv auf unsere eigene Grundhaltung aus.

Und auch umgekehrt funktioniert der Mechanismus:

Haben wir vor allem Kontakt mit Menschen, die einen negativen Blick auf die Welt und das Leben haben, werden auch wir, langfristig gesehen, mit eher traurigen Augen auf das Alltagsgeschehen blicken.

Die Ursache für dieses Phänomen liegt in unserer Evolution begründet:

Das Schlimmste, was unseren Vorfahren vor Jahrtausenden hätte passieren können, waren nicht etwa Krankheiten oder sonstige Gebrechen.

Vielmehr war es das Verstoßen-Werden aus der Herde, das ihnen Angst machte:

In einer Zeit, in der selbst unser Speiseplan davon abhing, wie gut wir in der Gruppe funktionierten, war ein Überleben außerhalb der Herde schlicht und ergreifend nicht möglich.

Diese Umstände führten zu einer Urangst, die wir bis heute in uns tragen: Die Angst, von unserem Umfeld verstoßen zu werden.

Dieses Überbleibsel aus unserer Vergangenheit mag damals ein wichtiger und berechtigter Schutzmechanismus gewesen sein – steht uns aber heute häufig im Weg.

Um uns nicht von dieser Urangst leiten zu lassen, ist es daher wichtig, uns eine positiv eingestellte Herde zu schaffen – das heißt, motivierte und lebensbejahende Personen in unser Umfeld zu ziehen.

Auch im Fußball ist die Auswirkung der einzelnen Teammitglieder auf die Stimmung und damit den Erfolg der Mannschaft wohl bekannt:

Geht die Mehrheit des Teams mit der Einstellung ins Spiel, dieses ohnehin nicht für sich entscheiden zu können, wird dieser Teil der Mannschaft auch deutlich weniger Einsatz zeigen.

Der anfangs noch vorsichtig optimistische Teil des Teams wiederum wird schnell feststellen, dass der andere Part nicht die gewohnte bzw. nötige Leistung zeigt, und somit früher oder später ebenfalls resignieren:

Mit fünf Spielern, die eine relativ hohe Leistungsbereitschaft zeigen, und sechs Spielern, die vor Anpfiff bereits aufgegeben haben, lässt sich kein Spiel gewinnen.

Das Resultat der Partie steht damit schon von Beginn an fest:

Es wird auf eine weitere Niederlage hinauslaufen.

Die seit Beginn pessimistischen Spieler werden sich bestätigt fühlen („Haben wir es doch gleich gesagt") und auch die Motivation des noch einigermaßen optimistischen Parts der Mannschaft für die weitere Saison wird deutlich sinken.

Es entsteht ein Kreislauf, in dem die Vorhersage „Scheitern" lautet – und die Niederlage nur die logische Konsequenz daraus ist.

Diese negative Gedankenspirale kann nun auf verschiedene Weisen unterbrochen werden:

Variante 1:

Man könnte den Großteil der Mannschaft einfach auswechseln – und so versuchen, eine positive Stimmung ins Team zurück zu holen.

Variante 2:

Man könnte aber auch versuchen, die bestehende Mannschaft neu zu motivieren:

Einem charismatischen Spieler, Trainer oder auch einem Mentalcoach wird es mit viel Überzeugungskraft und Begeisterung zweifellos gelingen, den Rest der Mannschaft in seinen Bann zu ziehen.

Wenn er seine Motivation nicht nur für sich behält, sondern aktiv auf die pessimistisch gestimmten Spieler zugeht, erlaubt er ihnen dadurch, sich von seiner positiven Energie anstecken zu lassen.

Denn oftmals wird eine pessimistische Grundhaltung nicht unbedingt mit einer negativen Absicht vertreten – sondern vielmehr, um sich selbst vor einer befürchteten Enttäuschung zu bewahren.

Wenn man es schafft, die Spieler davon zu überzeugen, dass sie alles erreichen können, wenn sie nur an sich glauben und nicht frühzeitig aufgeben, dann wird sich auch ihre Grundhaltung dem Spiel gegenüber schlagartig verbessern.

Denn letztendlich ist es auch hier eine Frage des Selbstvertrauens, wie die eigenen Chancen eingeschätzt werden.

Die letztere der vorgeschlagenen Varianten ist zweifelsohne die weniger kostspielige – und auch die Variante, die sich – auf das Leben übertragen – leichter umsetzen lässt:

Wenn wir nun feststellen, dass unser Umfeld – sei es im Familien-, Kollegen- oder Bekanntenkreis – eine negative Grundeinstellung vertritt, dann sollte nicht unser erster Ansatz sein, diese Personen komplett aus unserem Leben zu streichen.

Sowohl was die Familie angeht als auch was das berufliche Umfeld betrifft, ist dies ohnehin nicht ohne Weiteres möglich.

Stattdessen sollten wir versuchen, die Personen, die uns nahestehen, in unseren Bann zu ziehen. Wir sollten sie dabei unterstützen, ein gesundes Selbstvertrauen und damit automatisch eine positive Sicht auf das Leben zu gewinnen.

Unterstützen können wir sie dabei zum einen dadurch, dass wir ihnen regelmäßig Beweise für ihr Können liefern, ihnen also Anerkennung entgegenbringen, wenn sie etwas gut gemacht haben.

Zum anderen liegt es in unserer Hand, ihnen mit einem guten Beispiel voran zu gehen und somit für das eigene Handeln zu inspirieren.

Natürlich gibt es auch Beziehungen, die so toxisch sind, dass sie nicht gerettet werden können.

Wenn uns Personen langfristig nicht gut tun und ihr Verhalten trotz all unserer Bemühungen nicht verändern, dann ist es an der Zeit, uns von diesen Personen zu distanzieren, um uns selbst zu schützen.

Ganz egal, ob wir es schaffen, unser Umfeld positiver zu stimmen, oder ob wir bestimmte Freundschaften lieber beenden, tun wir in jedem Fall gut daran, neue, positive Dinge und Bekanntschaften in unser Leben zu ziehen:

Über Seminare, Vereine, Kurse oder die sozialen Medien lassen sich leicht Personen ausfindig machen, die dieselben Ziele haben wie wir selbst.

Ein regelmäßiger Austausch bereichert hier nicht nur unseren eigenen Alltag, sondern versorgt uns auch mit zusätzlicher Energie und Motivation, auf das Leben unserer Träume hinzuarbeiten.

Nicht zuletzt können wir uns auch mit entsprechenden Büchern, Podcasts, Hörspielen und Filmen eine inspirierende Umgebung schaffen, die maßgeblich zu unserem Erfolg beitragen wird: Ob wir unser Unterbewusstsein vor dem Zubettgehen mit Trash-TV oder positiven Botschaften betanken, macht über kurz oder lang einen entscheidenden Unterschied.

Das bedeutet nicht, dass es nur das eine oder das andere geben kann und darf. Aber vielleicht sollten wir manchmal überdenken, welchen Inhalten wir die Oberhand auf unsere Gedanken zugestehen möchten, die schließlich irgendwann einmal zu unserem Schicksal werden.

Denn, wenn wir eines aus Susannes Geschichte mitnehmen sollten, dann ist es das Sprichwort, das sie vor 25 Jahren in Gabis Poesiealbum eingetragen hat:

Achte auf Deine Gedanken, denn sie werden
zu ***Worten****.*

Achte auf Deine Worte, denn sie werden
zu ***Handlungen****.*

Achte auf Deine Handlungen, denn sie werden
zu ***Gewohnheiten****.*

Achte auf Deine Gewohnheiten, denn sie werden
zu Deinem ***Charakter****.*

Achte auf Deinen Charakter, denn er wird
zu Deinem ***Schicksal****.*

– Charles Reade

NACHBERICHT

Der Sieg nach einem Spiel ist nur ein kurzer Augenblick. Im Vergleich zu den 90 Minuten davor gleicht er einem Wimpernschlag.

Ein erfolgreicher Fußballspieler spielt nicht nur für den Sieg. Er hat ihn stets im Blick – aber er genießt auch den Weg dorthin. Er liebt es, sich Chancen herauszuspielen, in den Zweikampf zu gehen, auf das Tor zu zielen. Und er weiß, dass ein Fehlschuss genauso dazugehört wie das spielentscheidende Tor.

Auch im Leben sollten wir unser Ziel genau kennen. Wir sollten uns regelmäßig daran erinnern, wonach wir streben. Denn, wer nicht weiß, wohin er gerne gehen möchte, kann nicht ankommen. Aber wie ein erfolgreicher Fußballspieler sollten wir lernen, die Reise zu leben. Denn es ist die Reise, die man Leben nennt.

SPORTLEREHRUNG

Zunächst möchte ich mich bei den Stars und Sternchen des internationalen Fußballs bedanken, die jeweils zu Beginn der einzelnen Kapitel erwähnt werden:

Ihre überraschend inspirierenden Zitate haben mir im Schreibprozess eine unglaubliche Struktur gegeben und schaffen die Verbindung zwischen dem Leben der Hauptfigur und der Welt des Sports.

Nach wie vor gilt mein größter Dank allen Personen in meinem engeren Umfeld, die mir regelmäßig Beweise dafür liefern, dass ich alles schaffen kann.

In diesem Zusammenhang möchte ich mich vor allem bei den Lesern meines ersten Buches bedanken: Ohne den unglaublich motivierenden Zuspruch, den ich dafür erfahren durfte, wäre es vermutlich nie zu diesem zweiten Buch gekommen.

ZUGANGSCODE – KOSTENFREIES EBOOK

Gehen Sie auf epub.lemonmedia-verlag.de
oder scannen Sie den QR-Code und geben Sie
Ihren Zugangscode ein um, Ihr kostenfreies
eBook herunterzuladen.

epub.lemonmedia-verlag.de

7HC9-M5J0-4UQ1

Wir wünschen Ihnen viel Freude beim Lesen!

LEMON MEDIA

Printed in Poland
by Amazon Fulfillment
Poland Sp. z o.o., Wrocław

94202905R00087